DIREITOS HUMANOS
TEMAS E PERSPECTIVAS

Regina Novaes
organizadora

DIREITOS HUMANOS
TEMAS E PERSPECTIVAS

Ana Lúcia Valente
Débora Diniz
Elizabeth Rondelli
Hélio Silva
Ignácio Cano
Ludmila Catella
Luís Roberto Cardoso de Oliveira
Luiz Eduardo Soares
Lygia Sigaud
Marcos Alvito
Marcos Sá Corrêa
Paulo Jorge Ribeiro
Paulo Lins
Regina Novaes
Rita Segato
Roberto Kant de Lima
Ruben George Oliven
Santiago Villaveces-Izquierdo
Sônia Corrêa
Yonne de Freitas Leite

ABA
MAUAD
Fundação Ford
(The Ford Foundation)

MAUAD Editora Ltda.
Av. Treze de Maio, 13, Grupo 507 a 509 - Centro
CEP 20031-000 — Rio de Janeiro — RJ
Tel.: (21) 2533.7422 — Fax: (21) 2220.4451
E-mail: mauad@mauad.com.br

em co-edição com
Associação Brasileira de Antropologia — ABA
Instituto de Filosofia e Ciências Humanas da
Universidade Federal do Rio Grande do Sul
Rua Bento Gonçalves, 9500, Agronomia
CEP 91509-900 — Porto Alegre — RS
Tel/fax.: (51) 316.6638
E-mail: aba@ifch.ufrgs.br
www.abant.org.br

Foto da capa:
Kita Pedroza

CATALOGAÇÃO NA FONTE
DEPARTAMENTO NACIONAL DO LIVRO

D597

Direitos Humanos: temas e perspectivas / Regina Novaes (org). — Rio de Janeiro : Mauad, 2001.
176p. ; 14cm x 21cm

ISBN 85-7478-047-2 (broch.)

1.Direitos humanos. 2. Direitos humanos - Brasil. I. Novaes, Regina. II. Título.

CDD: 341.481

Associação Brasileira de Antropologia – ABA

Diretoria anterior (1998-2000)

Presidente: *Yonne de Freitas Leite* (UFRJ)
Vice-Presidente: *Ruben Oliven* (UFRGS)
Secretária-Geral: *Regina Reyes Novaes* (UFRJ)
Tesoureira: *Sandra de Sá Carneiro* (UERJ)
Diretores: *Ellen Woortmann, Judith Hoffnagel, Paula Montero e Roberto Cortez*

Comissão de Direitos Humanos

Roberto Kant de Lima (Presidente), *Luis Roberto Cardoso de Oliveira, Luiz Eduardo Soares, Luiz Mott, Cláudia Fonseca, Ana Lúcia Eduardo Faraht Valente, Pedro Bodê de Moares, Theophilo Rifiotis e Sérgio Adorno.*

Diretoria atual (2000-2002)

Presidente: *Ruben George Oliven* (UFRGS)
Vice-Presidente: *Guita Grin Debert* (UNICAMP)
Secretária-Geral: *Maria Eunice Maciel* (UFRGS)
Secretária Adjunta: *Ceres Victora* (UFRGS)
Tesoureiro-Geral: *Ari Pedro Oro* (UFRGS)
Tesoureira Adjunta: *Ilka Boaventura Leite* (UFSC)
Diretores: *Eneida Correa de Assis* (UFPA), *Carlos Caroso* (UFBA), *Luis Roberto Cardoso de Oliveira* (UnB) e *Roberto Kant de Lima* (UFF)

Índice

PALAVRAS INTRODUTÓRIAS

A Diretoria da Associação Brasileira de Antropologia, eleita para o biênio abril 1998-abril 2000, elegeu o tema *Direitos Humanos* como área prioritária para sua atuação. Esta escolha foi ditada não só por ser 1998 o ano em que se celebrou o 50° aniversário da Declaração Universal dos Direitos do Homem, como também pela experiência reflexiva e pelas ações já em curso que se acumularam nos últimos anos sobre o desrespeito aos princípios da Carta Universal, da qual o país é signatário.

Até recentemente, a implementação dos Direitos Humanos no Brasil estava restrita à área judiciária, que criou os órgãos de defesa do consumidor, as delegacias de proteção à mulher e à terceira idade, os juizados especiais, os juizados arbitrais, o direito da criança e do adolescente e aparelhou as defensorias e procuradorias do Ministério Público para garantir o acesso à justiça das camadas mais pobres da população.

Por um certo período, a ação dos antropólogos se limitou à reflexão sobre o papel da antropologia na discussão e encaminhamento da questão, pois há duas vertentes que se entrelaçam e preocupam. Primeiro, a formação antropológica enfatiza a diversidade e privilegia uma visão crítica e relativizadora, ouve várias vozes, o que leva a questionar preconceitos e a respeitar a visão de Direito e Justiça do Outro. Esse olhar para a diversidade se choca com o espírito hegemônico contido nas leis, feitas pelas classes dominantes, que concebem o país como um todo homogêneo e uníssono. Qual o espaço que cabe à antropologia nesse mundo total e globalizado, que tende a ignorar as diferenças e como conciliar a visão etnocêntrica, hegemônica e falsamente humanista das leis – cuja prática, porém, pode resultar em benefícios para as populações de excluídos – com a visão de heterogeneidade, diversidade e singularidade própria da antropologia?

No Boletim da ABA n° 30, 2° semestre de 1998, essas questões foram amplamente discutidas, na seção organizada pela Comissão de Direitos Humanos, sob a presidência de Roberto Kant de Lima. Essas reflexões estão reproduzidas na primeira parte deste volume, pois foram elas que serviram de *leit motif* para o projeto financiado pela Fundação Ford, que versou sobre a contribuição dos antropólogos para a conquista de uma cidadania plena, que só poderá ser alcançada com um conhecimento resultante de pesquisas e iniciativas que visem a entender os princípios reguladores das diferentes parcelas da população e de sua concepção de si mesmas, de seu lugar e papel na sociedade globalizante, e com a efetivação de direitos que respeitem suas especificidades e suas histórias e sirvam para resgatá-las.

Este volume que agora apresentamos ao público é resultado parcial deste Projeto, intitulado *Direitos Humanos e Cidadania: a contribuição dos antropólogos*, iniciado na gestão 1998-2000 e continuado pela nova diretoria eleita em julho de 2000, na XXII Reunião Brasileira de Antropologia.

Na segunda parte deste mesmo volume, apresentamos os primeiros resultados do levantamento feito por Ludmila Catella de experiências inovadoras de participação social que antropólogos vêm desenvolvendo na área de Direitos Humanos. O intuito foi o de reunir essas ações, mapeá-las e indagar sobre as diferentes maneiras através das quais os antropólogos, em seus trabalhos de pesquisa e de intervenção social, se aproximam dos princípios, valores e categorias contidos na Declaração dos Direitos do Homem. Acreditamos que esta publicação contribua para que este primeiro levantamento venha a se ampliar, resultando em um futuro catálogo em que se organize e se disponibilize a participação de antropólogos na área dos Direitos Humanos.

As atividades desenvolvidas no âmbito do projeto *Direitos Humanos e Cidadania: a contribuição dos antropólogos* incluíram também um curso de formação sobre o tema, que constou não só de palestras, como também de oficinas preparatórias para o trabalho de campo, realizado nas favelas do Chapéu Mangueira, Cantagalo, Pavão e Pavãozinho, localizadas na zona sul da cidade do Rio de Janeiro. Para esta atividade contamos com a parceria do Projeto Balcão/Viva Rio, que introduziu e acompanhou o trabalho de pesquisa dos alunos nas referidas comunidades. Agradecemos a Pedro Strozenberg e Paulo Jorge Ribeiro, coordenadores do Projeto Balcão de Direitos, a possibilidade de oferecer aos participantes do Curso a experiência de um diálogo constante entre as perspectivas teóricas e a observação de práticas de intervenção social. Durante o curso contamos com um público assíduo, atingindo ao seu propósito de explorar as conexões entre a abordagem antropológica e as questões dos Direitos Humanos, visando a ampliar o debate e atingir parcelas diferenciadas da população.

E, finalmente, na terceira parte deste livro, reproduzimos as palestras proferidas durante o Curso. Como o nome do livro anuncia, são vários os temas e diferentes as perspectivas. Mas, entre os autores, há em comum uma grande predisposição em colaborar com o projeto ABA/Ford. Não só se fizeram presentes com seu trabalho no Curso, como também – de maneira generosa – permitiram a publicação de suas aulas, mantendo as características da comunicação oral. A presença e a contribuição de cada um desses mestres valorizam a iniciativa e comprovam a validade da experiência que esperamos se repita por mais vezes.

A coordenação, organização e execução dessas atividades estiveram a cargo da Dra. Regina Célia Reyes Novaes, Secretária-Geral da gestão 1998-2000, a quem expressamos aqui os nossos agradecimentos pelo empenho e dedicação. Fundamental em todo o processo foi a presença e trabalho da assistente de pesquisa Ludmila Catella. Agradecemos também ao Instituto de Filosofia e Ciências Sociais da UFRJ, que abrigou o Projeto ABA/Ford e ao ISER pela cessão de seu espaço para a realização do Curso.

E *last but not least* à Fundação Ford, que viabilizou essas iniciativas e pela confiança em nós depositada.

Rio de Janeiro, 16 de julho de 2001

Yonne de Freitas Leite – *Presidente da ABA no biênio 1998-2000*

Ruben George Oliven – *Presidente atual da ABA*

Parte I

A Propósito da Comissão de Direitos Humanos da ABA

Roberto Kant de Lima
Luiz Eduardo Soares
Luís Roberto Cardoso de Oliveira
Ana Lúcia Valente

A COMISSÃO DE DIREITOS HUMANOS DA ABA: UM HISTÓRICO

Roberto Kant de Lima
(Presidente da Comissão de Direitos Humanos da ABA)

Logo após a realização de nossa Reunião bianual em Vitória, em 1998, fui surpreendido com um telefonema de nossa presidente, convidando-me para presidir uma Comissão de Direitos Humanos criada por aquela gestão de nossa Associação. Embora desgastado com o excesso de trabalho que os minguados e congelados salários nos têm imposto para garantir nossa reprodução social e intelectual, decidi aceitar a incumbência, pois ela representava uma oportunidade única de aproximação efetiva com a gestão de minha associação profissional que não só me proporcionaria maior interação com ela e com meus colegas, como também colaborar para expandir a visibilidade de uma área de interesse profissional à qual eu e outros colegas vimos nos dedicando, de uma forma ou outra, já há alguns anos.

A idéia era produzir, em primeiro lugar, um inventário das atividades realizadas por associados em torno de temas que envolvessem o acesso a direitos e a construção e explicitação de identidades públicas por parte de segmentos de nossa sociedade, excluindo-se os interesses pela terra e pelas sociedades indígenas, representados em outras duas comissões criadas concomitante e paralelamente. Tratava-se, portanto, de abrir um outro escaninho na classificação profissional, reconhecimento louvável de que, a par das áreas tradicionais de atuação dos antropólogos, no Brasil, outros espaços fluidos já estavam a merecer institucionalização. Este inventário, ao final dos dois anos de gestão da Diretoria e de duração da Comissão, originaria, no mínimo, um catálogo das atividades dos associados vinculadas a esta problemática. Outros produtos, no entanto, não estavam descartados, como encontros nacionais e internacionais para discussão de temáticas comuns e agenciamento de recursos que fossem destinados à pesquisa e publicização de seus resultados.

Juntamente com o convite para presidir a comissão vieram algumas sugestões para a sua composição, todas acatadas por mim, dada a sua relevância e pertinência. A estas juntei algumas outras indicações, advindas umas, de consultas a colegas mais experientes, outras, de meu próprio conhecimento pessoal. Todas foram também aceitas pela Diretoria, que apenas cuidou de que todos pertencessem aos quadros da associação, condição indispensável para integrar a comissão. Finalizadas as consultas para a sua composição, chegamos a um número satisfatório de componentes, que garantiu a possível representatividade regional e a heterogeneidade de posições essencial ao desenvolvimento deste tipo de trabalho em uma associação profissional composta por pessoas e posições distintas e diversificadas. Por isso mesmo, um encontro preliminar seria desejável, mas a exigüidade de tempo e de recursos impossibilitou sua realização, que seria, em nosso caso, essencial para estabelecer formas e condições de funcionamento da comissão, assim como consenso mínimo sobre sua pauta de atuação, haja vista a novidade de nossa interação institucional. Assumindo, então, o papel de coordenador, solicitei sugestões de procedimento aos colegas, expondo, inicialmente, meu ponto de partida para analisar a questão, já explicitado na ocasião do convite para presidir a comissão.

Assim, dessa perspectiva – a de um antropólogo bacharel em direito – a primeira questão a ser abordada seria a discussão da perspectiva antropológica em relação ao conceito de direitos humanos, cujo contexto universalista é indiscutível. Dada minha experiência profissional com pescadores, polícias e justiças criminais, parecia-me que tal perspectiva, de cunho eminentemente humanístico e juridicizante, em especial no Brasil, se colocava em confronto com um tipo de prática profissional encontrável em nosso meio e que se tem voltado, sistematicamente, contra propostas de universalização de modos de vida, por considerá-las, em princípio, canais de imposição de valores e processos de colonização cultural. Mais, as propostas vinculadas à implantação de uma política de direitos humanos em nossa sociedade têm-se pautado por seu caráter idealizado, algumas vezes contribuindo para construir verdadeiros engessamentos preconceituosos de certas categorias por parte dos envolvidos – como é o caso da verdadeira fobia que a categoria direitos humanos suscita na polícia do Rio de Janeiro – opondo-se ao papel que tradicionalmente a antropologia tem cumprido na sociedade brasileira, ao explicitar as diferenças entre os vários segmentos que a constituem e as relações de poder embutidas nas grandes racionalizações sobre a cultura e a sociedade. Assim, não me parecia muito eficaz a estratégia de buscar a adesão da população a um ideário que parece ir contra sua experiência sensível, fenômeno tão bem intuído por Lévi-Strauss em seu inesquecível *Raça e História*, ao analisar criticamente os fundamentos sociológicos do racismo: como afirmar às pessoas que elas são iguais, se elas se percebem diferentes?

Na oportunidade, um dos membros da comissão, Luiz Eduardo Soares, sugeriu que um bom começo seria que todos procurássemos produzir um curto texto no qual expressássemos nossas preocupações e nosso entendimento dos problemas suscitados pelo tema. Solicitei, então, a todos os demais componentes que me enviassem esta contribuição.

Como costuma acontecer nesses casos, houve diversas respostas a essa metodologia. Ao final, três colegas produziram, tempestivamente, textos razoavelmente elaborados, um enviou exemplares de textos que registram sua militância efetiva em relação a determinada minoria e outro, um rico elenco de questões, possibilidades e sugestões. Os demais não puderam, ou não quiseram, nessa fase de nossos trabalhos, se manifestar.

A primeira idéia era discutir os textos com o auxílio da internet para chegarmos a um consenso sobre o que fazer com as idéias lançadas. Entretanto, mesmo tendo sido os textos distribuídos, não houve tempo hábil para tal. Restava-me, então, dada a exigüidade de prazo, tomar uma decisão quanto ao aproveitamento do material. Decidi tecer comentários sobre o mesmo e reproduzir os textos mais elaborados, em consideração ao trabalho dos colegas. O percurso institucional é novo e requer engenho e arte para que não se firam suscetibilidades, cerceando manifestações legítimas

1- O Debate que está por vir

O exame do material enviado pelos membros da comissão, pela sua heterogeneidade, anuncia a riqueza do debate que está por vir. Embora todos concordemos com a possibilidade e a necessidade de democratizar as relações sociais em nosso país, diferem as vias de acesso a esse resultado. De um lado, teoricamente, temos a afirmação de que os direitos humanos são um instrumento imprescindível à democratização da sociedade e que seu caráter universalista, paradoxalmente, poderia servir não para homogeneizar valores, mas para garantir o direito à diferença de segmentos distintos da sociedade; de outro, constatações empíricas que mostram que o processo de internalização de valores democráticos, em nossa sociedade, passa pela possibilidade de eles serem traduzidos para a nossa linguagem social, implicitamente fundada na naturalização da desigualdade.

Assim, temos três contribuições – de Luís Roberto Cardoso de Oliveira, de Luiz Eduardo Soares e de Ana Lúcia E.F. Valente – que apontam no sentido da necessidade de promover eficazmente uma política de direitos humanos, que não estaria em contradição com as tradicionais práticas de nossa disciplina: me eximo de comentá-las por estarem abaixo transcritas. Mas também recebemos outras, que enfatizam as dificuldades e obstáculos encontrados para a sua promoção.

Uma dessas últimas reflete a prática em defesa de determinada minoria – como é o caso dos números 33 e 37 do "Boletim do Grupo Gay da Bahia", enviados por Luiz Mott – cujas publicações têm por objetivo denunciar violações de Diretos Humanos sofridas por homossexuais. O número 37 contém "o mais completo dossiê até hoje produzido no país sobre a Violação dos Direitos Humanos e Assassinatos de Homossexuais registrados no Brasil em 1997." Após criticar as estatísticas vigentes, baseadas em registros que não tipificam os crimes de ódio contra homossexuais, nem registram as orientações sexuais das vítimas, muitas vezes ignoradas pela polícia ou ocultas por seus familiares, o Boletim também denuncia que a intolerância e a violência anti-homossexual, expressas na violação de seus direitos humanos (140 casos em 97 contra 12 em 96) e assassinatos de gays, lésbicas e travestis (126 em 96 para 130 em 97), estão aumentando em freqüência, selvageria e impunidade, colocando o Brasil, segundo o relatório da Anistia Internacional de Junho de 1997, na triste condição de campeão mundial de assassinato de gays, lésbicas e travestis, equiparado ao Irã, Turquia, Zimbábue e Iraque, vergonhosos destaques mundiais da homofobia (p.2).

O Boletim também destaca o fato de que o Projeto de Parceria Civil Registrada provocou um "verdadeiro pânico homofóbico", resultando em organização de cruzada contra o reconhecimento legal da igualdade de direitos dos homossexuais. O texto destaca também que se certas declarações contra os homossexuais fossem feitas contra outras minorias – como negros, judeus, protestantes, etc. – teriam provocado comoção nacional e prisão dos faltosos; mas como são contra homossexuais, a opinião pública acha graça e a homofobia ganha foros de normalidade (p.2). Os objetivos da divulgação, segundo o Boletim, são: (1) documentar e denunciar o quão violenta é a discriminação anti-homossexual em nosso meio; (2) sensibilizar as autoridades para investigar, prender, julgar e punir exemplarmente os que violam os direitos humanos dos homossexuais, tratando a discriminação sexual com o mesmo rigor do racismo; (3) sensibilizar a sociedade e as entidades de defesa dos direitos humanos a serem mais solidárias com os homossexuais, defendendo-o quando vítimas de qualquer tipo de violência; (4) mobilizar os gays, travestis e lésbicas para que se protejam mais contra a violação de seus direitos de cidadania, denunciando e lutando para que seja cumprida a Constituição Federal quando diz: "Todos são iguais perante a lei, sem distinção de qualquer natureza... sendo objetivo fundamental da República promover o bem de todos, sem preconceitos e quaisquer formas de discriminação (Art.3/5)" (p.3).

Claudia Fonseca, em intervenção informal, nos traz reflexões sobre o uso da noção de "direitos humanos" no Brasil. Lembra que a idéia de direitos humanos é muitas vezes acionada para assinalar uma insatisfação com trâmites jurídicos locais. É o caso clássico de presos políticos, o menos clássico de sociedades indígenas, e o inteiramente novo de vítimas de violência doméstica. A noção de uma justiça supra-estatal, internacional, tem um papel inegável a desempenhar na proteção de direitos civis. Entretanto, nem em um mundo globalizado, terá a mesma eficácia do que um sistema nacional adequado para promover os direitos de cidadania. Assim, trabalhando com a tensão entre o ideal igualitário e a realidade da diferença que perpassa a sociedade brasileira, entre a arrogância totalitária (que desqualifica tudo que é diferente) e a complacência paternalista (que aceita a diferença como parte da ordem natural), Fonseca coloca a pergunta: qual a contribuição da Antropologia para a justiça social no Brasil?

Engajando a reflexão antropológica em medidas práticas à procura deste ideal, coordena uma equipe de pesquisadores que trava parcerias com diferentes agentes sociais para pensar temas concretos – os conselhos tutelares da criança, a adoção internacional, a institucionalização de adolescentes infratores. Examina situações em que a legislação moderna, em nome de ideais aparentemente inquestionáveis, produz efeitos contrários aos almejados; relata como mecanismos legais de proteção a segmentos discriminados da sociedade se tornam instrumentos de opressão para outros setores, mais discriminados ainda. Finalmente, sugere a relevância de outras lógicas jurídicas, consuetudinárias, que em nosso sistema – de tradição romana, idealista – não recebem atenção.

De minha parte, em meu trabalho cotidiano, tenho procurado tornar explícitos os paradoxos embutidos em nosso sistema de justiça criminal e segurança pública, que reúne instituições próprias de sociedades de estrutura hierarquizada e de formato igualitário em uma mesma legislação, a ser seguida contraditória e esquizofrenicamente pelos operadores envolvidos, numa reprodução jurídica do dilema brasileiro de que nos falou DaMatta. O exemplo mais gritante desta "distonia cognitiva" é a chamada prisão especial, instituição que prevê tratamento diferenciado para aqueles que têm alguns sinais de distinção – como instrução superior, entre outras opções – mesmo que tenham sido co-autores em crimes comuns que envolveram outros participantes, os quais não têm direito a esses privilégios. Configura-se, desta forma, tratamento desigual a pessoas desiguais, reproduzindo a tradição das Ordenações do Reino de Portugal, em que até mesmo as penas diferiam em razão da pessoa (ratio personae). Ou seja, para cumprir a lei, a polícia e a justiça criminal devem discriminar entre os infratores, em paradoxal confronto contra o que dispõe nossa Constituição. É evidente que se este dispositivo continua inscrito em nossas leis atuais – na verdade nunca se cogita de extingui-lo mas, pelo contrário, de ampliá-lo; cada vez mais categorias sociais e profissionais tentam nele se incluir, inclusive diretores de sindicatos –, é porque encontra algum fundamento em nossas práticas e representações cotidianas, tanto das elites, quanto das camadas populares. Essas práticas se refletem no fato de que no Brasil contemporâneo só encontramos masmorras, cadeias, depósitos de presos, apenas rotulados formalmente de penitenciárias e presídios, pois as "pessoas de bem", quando cometem algum "deslize", são recolhidas separadamente daquilo que Oliveira Vianna uma vez denominou de "baixo povo".

Ora, como se quer que esses mesmos operadores ajam de maneira igualitária nas ruas, implementando e universalizando a aplicação de "direitos humanos", se eles próprios não se sentem detentores dessas "prerrogativas"? Se a própria lei não os trata assim? Este exemplo, tirado entre muitos outros pelo absurdo de seu fundamento legal, demonstra que não basta reformar legislações ou ensinar direitos humanos aos chamados operadores da segurança pública, nem rotulá-la de "segurança cidadã" ou de "polícia comunitária".

Por outro lado, tenho coordenado trabalhos de consultoria e assessoria para criação de Reservas Extrativistas de Pesca Marítima pelo IBAMA, assim como para avaliação e acompanhamento da elaboração e execução de seus Planos de Utilização. Trata-se, teoricamente, de fazer a etnografia de procedimentos de administração de conflitos aparentes quando ocorre a explicitação da identidade pública de um segmento da sociedade que se organiza e reproduz localmente, e que tem tradição secular de estar submetido e de reagir a extremos mecanismos de controle repressivo – pelos colonizadores, pela Marinha, pelos fiscais federais, etc.

Em todos esses casos, verifica-se a necessidade de promover um programa de desconstrução desse modelo esquizofrênico, para que o implícito se torne explícito e possamos com ele lidar adequadamente, formulando nossas opções de forma responsável e autônoma. Na minha opinião, esta é uma das tarefas próprias de uma Comissão de Direitos Humanos de uma associação de antropólogos: tornar explícito o implícito, tarefa que nos tem cabido no exercício cotidiano de nossa profissão.

II – Uma Agenda para a ABA

Claudia Fonseca e Ana Lúcia Valente fizeram referência à necessidade de maior integração com operadores jurídicos, tarefa a que, coincidentemente, tenho me dedicado profissionalmente nos últimos dois anos. Desta experiência tenho aprendido que a aparente diversidade desses operadores esconde uma homogênea representação sobre a ineficácia de controles preventivos da ordem social. Essas representações têm-se reproduzido acriticamente, tanto em função do caráter dogmático do ensino do direito quanto da ênfase no adestramento presente no ensino militar, em especial nos seus escalões inferiores.

Como tenho insistido, a forma de socialização acadêmica é fundamental para o produto que se deseja obter. Nesse caso, apesar das sucessivas aproximações que algumas dessas instituições – em especial, a polícia militar – têm realizado com a universidade, a grande maioria ainda não ultrapassou o nível da cooptação, que beneficia esta ou aquela facção com o recurso dessa aliança. Por outro lado, a esquizofrenia do confronto entre os valores veiculados impositiva e explicitamente nas salas de aula, vinculados a preceitos igualitários, individualistas e universalizantes e uma prática hierárquica, personalista e particularizante, inscrita tanto na lei quanto nas representações da sociedade, produz um efeito perverso: por um lado, a aceitação inevitável, obediente e explícita das preleções e, por outro, a rejeição, na prática cotidiana, a todo o conhecimento formalmente assimilado, como estratégia para garantir a própria sobrevivência dentro da instituição, que passa a se reproduzir autonomamente, de forma tradicional, utilizando mecanismos informais, velhos conhecidos dos antropólogos e que neutralizam todas as tentativas formais de intervenção externa.

Assim, essa interação entre os antropólogos e os operadores jurídicos e de segurança pública somente terá proveito para as partes envolvidas se os operadores estiverem dispostos a escutar os antropólogos e os antropólogos, a escutar os operadores. Como diz e repete há muitos anos nosso decano, professor Luiz de Castro Faria, nossa tradição jurídica é autofundante, reproduz-se através de técnicas escolásticas de transmissão e carrega consigo referências de nosso pensamento social mais elitista. Uma das maiores dificuldades que se tem em conversar com esses operadores é superar-lhes a socialização, desconstruir sua lógica, mesmo no caso daqueles que se aproximam seriamente, para se profissionalizar como antropólogos: eu que o diga! Penetrar nesse mundo, compreender suas categorias e iniciar uma conversa produtiva, em termos aceitáveis por nossas regras acadêmicas, aí está nosso maior desafio. E esta tarefa, como sempre, talvez nos auxilie a aprender um pouco mais sobre nós mesmos, o que certamente nos tornará mais esclarecidos e tolerantes com as limitações próprias de nossa profissão.

Praticamente, aproximações e parcerias poderiam ser tentadas, com ou sem o apoio de entidades internacionais, governamentais ou não-governamentais, voltadas para explicitar e compreender os contextos culturais em que os direitos humanos são instituídos e violados. Por outro lado, seminários de esclarecimento para antropólogos, mas também para cientistas sociais e para o público interessado, em geral, poderiam ser organizados, assim como coletâneas de textos e vídeos – bem como outros produtos da parafernália telemática – voltados para esclarecer a população não só sobre a possibilidade de pôr em prática seus direitos, como também para o efeito negativo que suas práticas discriminatórias cotidianas têm na implementação dos direitos de todos. Finalmente, há o desafio de auxiliar a viabilizar novos direitos, promovendo e valorizando o reconhecimento oficial de regras e costumes locais, como é o caso das discussões que tenho acompanhado em torno da implantação e desenvolvimento das Reservas Extrativistas de Pesca Marítima do IBAMA, já mencionadas.

Havendo recursos, materiais e humanos, poderíamos integrar novos dados a bancos de dados já existentes e montar um site de referência com informações diversificadas sobre a questão, desde denúncias de violações de direitos humanos até bibliografias e cursos existentes sobre o assunto.

ALGUMAS PALAVRAS SOBRE DIREITOS HUMANOS E ANTROPOLOGIA

Luiz Eduardo Soares

(Coordenador do Programa de Pós-Graduação em Ciências Sociais da UERJ e Professor do IUPERJ)

O tema é muito importante e desafiador, seja no plano prático-político, seja no plano teórico. A vocação "astronômica" da antropologia, celebrada e celebrizada por Lévi-Strauss, remete, aqui, a dois horizontes de significação: por um lado, à nossa sensibilidade crítica e relativizadora, que opera deslocamentos, recontextualizações e descentramentos; por outro lado – e não sem ironia –, à nossa tendência a olhar para longe, para o alto, tropeçando, por vezes, no trivial, no contingente e imediato, nas determinações da política e da vida prática.

Claro que há contratendências, por assim dizer: a preocupação intelectual com as inscrições capilares das microestruturas, reencenadas nas interações sociais primárias; ou a obsessão narcisista dos autores chamados pós-modernos, excessivamente voltados para o sentido da própria atividade e do próprio discurso.

Talvez a presente reflexão seja possível, com suas ambigüidades, porque parte do reconhecimento da legitimidade e da relevância estratégica de ambas as tendências, em nossa subcultura antropológica, focalizando exatamente o ponto de confluência e/ou de afastamento: (1) os direitos humanos, para os antropólogos contemporâneos, são a expressão etnocêntrica das pretensões hegemônicas de formações culturais específicas, apoiadas em instituições, Estados e alguns aparatos de poder; (2) constituem instrumento indispensável de luta política democrática e momento especialmente significativo do processo civilizatório.

Ambas as leituras são verdadeiras e compatíveis com as melhores tradições da Antropologia, em cujo quadro convivem a desconstrução do humanismo, herdeiro das filosofias iluministas e da axiologia judaico-cristã, e a percepção crítica das relações de poder, nas quais opressões históricas se exercem, reproduzindo as condições para a afirmação de valores e ideologias obscurantistas. Mais uma vez, a recusa do iluminismo e de seu legado retórico, pleno de alusões ao progresso e à evolução, ao conhecimento e à ciência, convive com a recusa do obscurantismo e da exploração reacionária. Como, sem contradições insuperáveis, falar em obscurantismo e repelir o ideário das Luzes, falar em exploração reacionária e rejeitar a ideologia evolutiva do progresso? De que modo a antropologia propicia o ambiente para esse convívio paradoxal e bizarro?

A antropologia nos ensinou a pensar nossos próprios valores como partes constitutivas de nossa cultura, ela mesma sujeita a condicionantes históricos e a circunscrições sociais bastante delimitadas. Em o fazendo, nos autorizou a lançá-la contra si, cobrando-lhe consistência e lhe impondo a renúncia a epistemologias essencialistas, das quais o estruturalismo talvez tenha representado a versão mais sofisticada e ousada. Lançar o veneno corrosivo da crítica relativizadora contra a disciplina e seu discurso-padrão implica desnudar o caráter histórico, datado, culturalmente limitado da antropologia e do relativismo.

Em o fazendo, corremos o risco de jogar o jogo ocioso da especularidade narcísica, caso derivemos do círculo de giz cético a condenação ao silêncio, à ataraxia ou à simples adesão ao senso comum. Mas, por outro lado, criamos condições para um salto qualitativo de grande interesse, se soubermos extrair da situação paradoxal uma outra lição, bem mais positiva e de amplos efeitos práticos. Seria possível resumi-la nos seguintes termos: (1) a tradição da antropologia, por sua riqueza, sintetiza valores e perspectivas iluministas e românticas, conforme já nos haviam ensinado alguns mestres da disciplina, como Roberto DaMatta; (2) tal como leio essa polaridade exemplar, poderia concluir que a antropologia reencena, no drama cultural de nosso tempo, o arcaico dilema do ceticismo, para o qual defendo a solução pragmática, cuja interpretação, no contexto do quadro que descrevo, assim se descreveria: (2.1) a contradição de que participamos é insuperável e só a poderíamos descartar se nosso jogo de linguagem fosse capaz de apontar o limite, o horizonte, o que só ocorre a posteriori, quando a problemática já foi ultrapassada; (2.2) no entanto, a natureza agonística, trágica, aporética e insuperável de nosso contexto, segundo a descrição que privilegiei, ao invés de impedir posicionamentos práticos e discursivos, ou prático-discursivos, apenas afirma a inexorabilidade do caráter valorativo e pragmático-político dos posicionamentos; (2.3) a conclusão assinalada no item anterior é possível, na medida em que se recuse a metafísica fundacionalista, em cujos termos o conhecimento e o valor só poderiam formular-se e mobilizar-se, legitimamente, se estivessem fundados na Razão ou na essência dos objetos pertinentes, aos quais se dirigem as ações e/ ou os discursos em questão.

Segue-se o argumento, com o qual encerro essa breve reflexão introdutória: parece-me perfeitamente possível e desejável que os antropólogos defendamos os direitos humanos tais como consagrados pelos documentos da ONU, mantendo-nos abertos, evidentemente, para postulações específicas de grupos sociais que critiquem determinados princípios, os quais teriam de ser objeto de discussão, em cada caso específico, respeitadas as especificidades de cada contexto, sendo inócua a procura de leis universais de validade ilimitada (aliás, o cientista político James Fishkin já demonstrou que nenhum princípio está livre de gerar efeitos perversos que contrariem suas intenções originais). Comparando os efeitos sociais associados a posturas favoráveis e desfavoráveis aos direitos humanos, parece-me claro que, no Brasil, hoje, e em nosso mundo contemporâneo, são provavelmente menores os custos do etnocentrismo, nas mais diferentes esferas, do que os custos da crítica relativista. O ideário democrático, ligado a concepções evolucionárias, ainda não foi substituído por um pacote retórico-ideológico-cognitivo menos problemático e menos sujeito a produzir efeitos indesejados. A díade tensa, ambígua e conflitante, igualdade-liberdade, ainda representa, para nós, a meu juízo, a referência mais adequada para a descrição de um princípio de justiça, sem o qual não encontramos, em fins do século XX, sentido para a vida coletiva. Nosso ultraje, nossa indigência, nossa violência colonial-etnocêntrica ainda são, comparativamente, os menos graves, dada a abertura de nossa linguagem democrática, de nossas fantasias utópicas e de nossas instituições políticas democráticas para a diversidade e para nossos próprios limites, o que condiciona nossa disposição para a autocorreção e a mudança. Inclusive, eventualmente, nesse caso que nos ocupa. As alternativas reais ao credo democrático são piores que este, assim como o são as práticas reais do Ocidente "progressista, liberal, moderno e civilizado", em nome de ideais nobres. Por isso, os direitos humanos são instrumentos também e sobretudo de luta política no próprio Ocidente e contra as máscaras pseudodemocráticas que inventamos, sob a forma de discursos e/ou instituições. Também por isso, os direitos humanos são a bandeira ideológica insuperável de nosso tempo. Se tivermos dúvida, sugiro que nos esqueçamos da filosofia e ouçamos o rádio, a TV, os vizinhos e os políticos que fazem demagogia com o medo popular. Rapidamente nos daremos conta de que lado estamos. Os detratores públicos dos direitos humanos apontarão para nós, como inimigos perigosos, e nós compreenderemos, de imediato, que essa guerra não admite hesitações, ainda que as dúvidas sejam necessárias e positivas, em outro plano.

DIREITOS HUMANOS E ANTROPOLOGIA

Luís Roberto Cardoso de Oliveira
(Antropologia/CEPPAC/UnB)

Creio que qualquer pronunciamento da ABA sobre direitos humanos deve procurar conjugar o tema com a perspectiva da disciplina, e é deste ponto de vista que articulei as idéias que se seguem. Nas últimas duas ou três décadas a área de interseção entre as noções de direitos humanos e de cidadania tem se expandido de maneira sistemática e cada vez mais acentuada. Seja devido à ampliação da noção de direitos de cidadania e do espectro de relações que ela passou a englobar, seja porque a intensificação das relações internacionais em escala intercontinental e a ameaça do potencial de destruição atômico, assim como o surgimento de uma consciência ecológica através do enfrentamento dos problemas relativos à preservação do meio ambiente, deram lugar e concretude à idéia de interesses humanos compartilhados no âmbito do planeta. Paralelamente a este desenvolvimento, ainda que de forma mais ou menos conectada a ele, começou a ganhar visibilidade um movimento de afirmação de direitos de natureza um pouco diferente mas facilmente articulável a temas e preocupações tradicionais da antropologia. Estou me referindo às demandas de reconhecimento – ou à "política de reconhecimento" de que nos fala Charles Taylor – as quais têm sido associadas à problemática do multiculturalismo, aos conflitos ou reivindicações de cunho nacionalista, e aos direitos das minorias de uma maneira geral.

Se, por um lado, as demandas de reconhecimento supõem ou defendem o respeito aos direitos básicos de cidadania, isto é, procuram assegurar o acesso das minorias aos mesmos direitos de cidadania (políticos, civis e sociais) compartilhados pelas maiorias, por outro lado, afirmam a necessidade de a singularidade das minorias ser reconhecida como um valor. Trata-se da importância de se reconhecer o mérito da peculiaridade do grupo ou segmento social em pauta, cuja eventual desconsideração se constitui numa agressão de cunho moral, mas que não deixa de se traduzir num desrespeito à (direitos de) cidadania. Taylor tem caracterizado as demandas de reconhecimento como um desdobramento do processo de transformação da noção de honra em dignidade e que, tendo provocado inicialmente um movimento em direção à universalização de direitos (aqueles que nos habituamos a associar à cidadania), acabou desembocando num segundo movimento marcado pela afirmação de uma identidade autêntica, tanto no plano individual quanto no coletivo. Além de reivindicar o direito ao exercício de um interesse ou à manifestação de formas de vida não universalizáveis, as demandas de reconhecimento requerem que as maiorias, ou que os interlocutores daqueles que apresentam a demanda, atribuam ou sejam capazes de expressar um valor positivo em relação às peculiaridades do grupo demandante. Ou seja, as demandas de reconhecimento exigem o estabelecimento de ao menos um mínimo de dialogia entre as partes, e não podem ser satisfatoriamente equacionadas no plano legal. Pois, ao lado da obediência a um dever (legal ou moral), a prática do reconhecimento supõe a internalização de um valor.

Neste contexto, me parece que nossa Comissão de Direitos Humanos deveria dirigir seus esforços para a área de confluência entre a problemática do respeito aos direitos universalizáveis de cidadania e as demandas de reconhecimento de singularidades socioculturais. Em outras palavras, creio que devemos nos preocupar em contribuir para a eliminação de práticas discriminatórias de qualquer tipo, assim como para o esclarecimento ou divulgação do valor intrínseco contido nas formas de vida cultivadas pelas minorias, na medida em que estas representam e/ou podem ser percebidas como uma manifestação da humanidade que todos compartilhamos. Sei que esta breve exposição do problema não vai além da definição de alguns princípios básicos, e reconheço ainda não ter muita clareza sobre exatamente como estas idéias poderiam ser implementadas no âmbito da Comissão. Entretanto, acho que a direção de nossas preocupações deveria ser mais ou menos esta.

A PROPÓSITO DA COMISSÃO DE DIREITOS HUMANOS DA ABA

Ana Lúcia Valente

(Antropologia UFMS)

Não pretendo negar que qualquer proposição que intente discutir a temática dos direitos humanos pode, imediatamente, despertar uma sensação de *déja vu*. Creio que, em parte, isso se deva à conotação que a história da luta em defesa dos direitos humanos assumiu no Brasil. Afinal, como se sabe, em que pese o fato de ser extenso o rol de violações dos direitos humanos na história brasileira e de que subjazem inúmeras formas de desrespeito à vida, foi por ocasião da ditadura militar que as iniciativas para garantir a integridade física e da vida dos presos políticos ganharam projeção. Neste momento, também a luta pela reconquista das liberdades democráticas constava na pauta dos grupos de defesa dos direitos humanos.

Muitas vezes esses grupos foram inspirados por um marxismo ingênuo que, negando a interpretação de cunho liberal de que a "lei deve atender a todos", desconsideraram a instância jurídica, o campo do direito, como espaço possível com instrumentos à disposição para a sua luta. Contudo, limites à utilização desses instrumentos de fato existiam (e existem!): a falta de regulamentação de normas constitucionais e a ineficácia de mecanismos previstos em lei ante uma "cultura" da magistratura que inviabiliza a rapidez de julgamento de questões. Esse, por exemplo, é o caso do habeas corpus, em geral concedido após a autoridade coatora prestar informação sobre o coagido, quando então qualquer medida de proteção pode ser tardia.

Já em outra conjuntura política, reduzidas as violações aos DIREITOS HUMANOS provocadas pelo "regime de exceção", a chamada transição política e as resistências de diferentes ordens impuseram novas demandas à defesa destes direitos, nem sempre respondidas com ações eficazes e organizadas sob o rótulo de direitos humanos e sem o mesmo apelo dos meios de comunicação. Nessa perspectiva, a promulgação da Carta Magna de 1988 foi um desses momentos em que as várias lutas que vinham sendo gestadas pelos direitos dos trabalhadores e das minorias convergiram e avançaram.

No que diz respeito aos negros, por exemplo, resultante de um processo de discussão de militantes e estudiosos da questão interétnica, especialmente antropólogos que se dedicam à temática, a constituição definiu o racismo como crime inafiançável e imprescritível. Porém, mesmo depois de definidos os crimes resultantes de preconceito de raça ou de cor pela lei 7.716, deve-se considerar que, ainda, a tipificação desse crime é problemática. Para garantir o respeito aos seus direitos, muitos negros valem-se da estratégia de obter respaldo no Código Penal, no qual crimes como constrangimento ilegal, calúnia e difamação estão previstos. De qualquer maneira, o acesso à justiça continua estreitamente relacionado aos níveis de renda e escolaridade da população brasileira, o que parece ratificar o tratamento oferecido aos negros e outros segmentos discriminados como cidadãos de segunda categoria.

Dez anos depois, a ausência de regulamentação de muitos artigos da "Constituição Cidadã", a manutenção e a agudização de um quadro social que tem penalizado amplas parcelas não só da população brasileira como da mundial, por si, justificam a continuidade da luta pelos direitos humanos. Não fosse por isso, a "aparência da mesmice" na discussão sobre os direitos humanos se desfaz completamente, quando se resgata o contexto histórico do surgimento desta preocupação em termos universais. Nesta perspectiva, somos obrigados a admitir seu caráter ainda jovem, de apenas 50 anos.

Se a discussão sobre os direitos do homem inicia-se no século XVIII, com o ordenamento jurídico dos Estados e, no século XIX, toma corpo, com o estabelecimento da ordem burguesa, cujo marco de maior expressão foi a Declaração dos Direitos do Homem e do Cidadão, de 1789, uma das conquistas da Revolução Francesa, é somente em 1948, com o término da Segunda Guerra Mundial que, criada a ONU, os direitos humanos passaram a fazer parte da agenda internacional.

Com base na Declaração Universal e com a aprovação do Pacto Internacional de Direitos Econômicos, Sociais e Culturais, do Pacto Internacional de Direitos Civis e Políticos e de outros textos importantes, em 1966 os direitos humanos deixaram de ser assunto de responsabilidade interna e exclusiva aos Estados. Nesses pactos internacionais, em vigor desde 1976 – mais uma vez demonstrando o pouco tempo de existência dessa preocupação – é definido o direito à autodeterminação:

"Todos os povos têm o direito à autodeterminação. Em virtude deste direito estabelecem livremente a sua condição política e determinam, outrossim, seu desenvolvimento econômico, social e cultural"(Apud Goffredo, 1989: 89).

Desse modo, é consubstanciado o caráter universal e singular dos direitos humanos. Nessa perspectiva, recoloca-se, nessa discussão, o problema central da antropologia: "pensar a humanidade enquanto uma coisa só, formada por seres que compartilham uma mesma e única natureza, de um lado e, de outro, compreender e definir essa natureza humana em relação à diversidade sociocultural produzida como sua marca distintiva e necessária" (Lopes da Silva e Grupioni, 1995:17).

Em outra oportunidade, contrapondo-me à proposta de uma "antropologia da transcendência", sugerida por Velho, que defendia a revalorização do não cotidiano como estratégia de transformação do niilismo e do narcisismo antropológicos (Velho, 1991:129), i.e., transformação das perspectivas que exacerbam o relativismo, o elogio da diversidade e a valorização do cotidiano nas análises antropológicas que aderiam a um discurso "arrombador de portas abertas" (1991:121), defendi uma antropologia de alcance universal, que não deve abrir mão de uma característica que dirige nossos trabalhos: a busca constante de dados empíricos que caracterizem o cotidiano de grupos estudados. Isso sem se furtar ao compromisso científico de inserir tais microrrealidades num contexto mais amplo de compreensão (Valente, 1997).

Por ter incorporado, no texto mencionado, reflexões de autores europeus sobre a necessária articulação do universal e do singular, muitas de cunho pragmático porque relacionadas com táticas políticas a serem desenvolvidas na estratégia da transformação social, permito-me, nos próximos parágrafos, segui-lo literalmente.

Já não basta afirmar a pluralidade do universal; é preciso buscar respostas para as possibilidades de articulação dos valores universais e das especificidades culturais. Não se trata mais de apenas pensar a construção de sociedades democráticas, mas de salvaguardar os seus princípios como prática e como idéia, posto que a "democracia está à prova, lá mesmo onde se acreditava que estivesse solidamente instalada" (Wieviorka, 1993:10). Isto porque desafiam-na o nacionalismo, o populismo, a etnicidade, o racismo, as violências urbanas, a exclusão e a grande pobreza que marcam a nossa época. Como diagnostica Touraine:

"O estado nacional (...) que era sobretudo um conjunto de mediações entre a unidade da lei ou da ciência e a diversidade das culturas se dissolveu no mercado ou, inversamente, se transformou em um nacionalismo identitário, intolerante, que desemboca no escândalo da purificação étnica e condena as minorias à morte, à deportação, à violação ou ao exílio. Entre a economia mundializada e as culturas agressivamente fechadas sobre si mesmas e que proclamam um multiculturalismo absoluto pleno de recusa do outro, o espaço político se fragmenta e a democracia se degrada"; (1994:10).

Nos termos explicitados por Wieviorka, as respostas que devem ser buscadas, como enunciei acima, referem-se à seguinte interrogação: "é possível rearticular a razão e a cultura, o universal e os particularismos, não viver num universo pós-moderno no qual as tribos se esbarrariam ou se enfrentariam, enquanto que as estratégias das grandes empresas, passando por sobre a cabeça dos Estados, viveriam sem comunicação com a forças tribalizadas das sociedades por toda a parte atomizadas e individualistas? (1994:111).

Para Giraud, a crise de legitimidade e de identidade nacional poderá ser enfrentada na invenção de novas modalidades de regulação social e política, de novas formas de exercício da democracia. Trata-se de ver se "é possível emergir um 'novo modelo republicano' que permita conjugar o singular, o particular e o universal, ao invés e no lugar da disjunção atual dessas realidades, e que constituiriam uma via mediana entre assimilacionismo e pluralismo"(1994:120). A conjunção do singular, do particular e do universal que se trata de realizar no novo modelo de integração supõe idealmente que cada um se reconheça, para além das diferenças individuais e de grupo, numa visão política comum porque a democracia não é possível senão quando um direito comum regula a coexistência das liberdades individuais e particulares.

Ou ainda, para Gosselin, "o 'direito à diferença' não pode constituir-se em fundamento do Estado de Direito se ele não é ligado ao que chamaria de um pacto de cidadania". Assim, "o apelo aos valores universais, em primeiro plano dos quais a unidade do homem – que funda os limites do relativismo cultural – permite assim, suscita e mesmo exige, uma pedagogia dessa relatividade, um aprendizado das diferenças. Fora dessa afirmação ética, como ser partidário de uma 'sociedade pluricultural' sem renunciar ao Estado de Direito?" (1994:133-134). Ou, "como ser partidário de um mundo rico de suas diferentes culturas sem renunciar à identidade mesma do homem, à sua igualdade na dignidade?"(1994:137).

Assim, entendo que a Comissão de Direitos Humanos da ABA, sem abandonar o campo de estudo da antropologia, pode desenvolver um trabalho rico, em particular no diálogo com a instância jurídica; com o campo do direito propriamente dito, nem sempre sensível à articulação necessária entre direitos universais e os direitos à autodeterminação, à diferença. Não deixa de ser uma tarefa árdua e complexa, na medida em que é terreno atravessado por conflitos, contradições e ausência de consenso. Contudo, essa discussão deve ser enfrentada.

REFERÊNCIAS BIBLIOGRÁFICAS

GIRAUD, Michel – La démocratie entre universel et particulier. In Gabriel Gosselin, Henri Ossebi (dir.) Les Sociétés pluriculturelles. Paris, L'Harmattan, 1994: 115-129.

GOFFREDO, Gustavo Sénéchal de – Direitos Humanos e nova ordem econômica internacional: a trajetória do terceiro mundo. In Antonio Carlos Ribeiro Fester (org.), Direitos Humanos – um debate necessário. São Paulo, Brasiliense, 1989.

GOSSELIN, Gabriel, OSSEBI, Henri (dir.) Les Sociétés pluriculturelles. Paris, L'Harmattan, 1994.

GOSSELIN, Gabriel – Les ambigüités du droit à la difference. In Henri Gosselin e Henri Ossebi, op.cit.: 131-140.

LOPES DA SILVA, Aracy & GRUPIONI, L.D.B. – A temática indígena na escola: novos subsídios para professores de 1°. e 2°. graus. Brasília, MEC/MARI/ UNESCO, 1995.

TOURAINE, Alain – Quést-ce que la démocratie? Paris, Fayard, 1994.

VALENTE, Ana Lúcia E.F. – Por uma antropologia de alcance universal. Cadernos Cedes. Campinas, 43: 58-74, 1997.

VELHO, Otávio – Relativizando o relativismo. Novos estudos Cebrap. São Paulo, no. 19:120-130, março/1991.

WIEVIORKA, Michel – La démocracie à l'épreuve – nationalisme, populisme, ethnicité. Paris, La Découverte, 1993.

_________________ – La nouvelle question urbaine en France. In Gabriel Gosselin e Henri Ossebi, op. cit.: 103-114.

Parte II

Antropologia e Direitos Humanos

Ludmila Catella

ANTROPOLOGIA E DIREITOS HUMANOS: REGISTRANDO EXPERIÊNCIAS

Ludmila Catella

(Antropóloga, pesquisadora do Instituto de Filosofia e Ciências Sociais da UFRJ)

Introdução

Com a aprovação da Declaração Universal dos Direitos Humanos, após a Segunda Guerra Mundial, as nações dominantes do ocidente reordenaram e impuseram uma perspectiva de interdependência política e cultural. A própria idéia de democracia passou a ser moldada segundo parâmetros sugeridos pelos conceitos sobre direitos humanos. No entanto, cada cultura nacional configurou e configura os marcos mais universais daquilo que se entende e se sente, em cada país, como sendo direitos humanos, e, conseqüentemente, como democracia, partindo do aporte histórico e dos esquemas de pensamento e de ação mais cristalizados no *habitus* nacional. E a noção de cultura, a definição de humanidade como um todo, passa a estar sincronizada nas várias culturas nacionais que se dizem "democráticas", pelo conceito de direitos humanos.

A declaração de direitos humanos estabeleceu um sistema de valores morais que pretende funcionar como afirmação ética de âmbito universal, transformando aquelas palavras em símbolo e em ideal. Essa plataforma comum de ação coloca inevitavelmente dilemas ante as particularidades culturais que surgem como reivindicações daquilo que entra nessa categoria "universal" de humanidade e, como conseqüência, de direitos.

Nessa tensão entre particularidades culturais e valores universais, após 50 anos da Declaração, percebem-se ações e tomadas de posição que ultrapassam as fronteiras nacionais e se deslocam até o plano de representação da humanidade. A exigência de respeito aos direitos humanos é um dos eixos desse deslocamento (por exemplo, os processos internacionais contra militares do Cone Sul – o caso Pinochet mostrou que a idéia de "humanidade" ultrapassou as fronteiras – ou, exemplo recente, o pedido do Brasil na ONU para que a distribuição de medicamentos a doentes de AIDS seja considerada uma questão de direitos humanos; ou ainda as ambigüidades e conflitos provocados pelo voto da Argentina na ONU sobre violações de direitos humanos em Cuba). Todavia, e além desses exemplos "globais", a exigência de respeito aos direitos humanos parece implicar numa relação direta entre indivíduo e estado. Seguindo Elias (1994), ao falar em direitos humanos, estamos dizendo que o indivíduo como tal, como membro da humanidade, está autorizado a ter direitos que limitem o poder do estado sobre ele, sejam quais forem as leis desse estado.

No entanto, poderemos dizer que existe uma definição única? O que significam essas palavras? Do que falamos quando falamos em direitos humanos? Essa categoria pode englobar diversas idéias, que vão desde o controle internacional sobre práticas de uma nação – da idéia utópica de respeito e tolerância total a uma forma de luta e de denúncia de violências diversas, um projeto a partir do qual iniciar diálogos a nível global – até vários e singulares conceitos sobre aquilo que as pessoas e os grupos, com suas particularidades culturais, vêem como direitos humanos.

A formação antropológica, como a expusemos ao apresentar o projeto à Fundação Ford, enfatiza a diversidade e privilegia uma visão crítica e relativizadora, escutando várias vozes, o que a leva potencialmente a questionar preconceitos e a respeitar a visão de direito e de justiça do Outro. Todavia, esse olhar para a diversidade choca-se com o espírito hegemônico das leis feitas pelas classes dominantes, que concebem o país como um todo homogêneo e uníssono.

Assim, a pergunta que nos fazemos coloca a questão de que tipos de ação desenvolvem os antropólogos na vasta área chamada de direitos humanos. Quem e como pensa quem realiza projetos nessa área? Para responder, foi proposta a elaboração de um catálogo para listar e mapear as iniciativas de antropólogos brasileiros em relação a direitos humanos.

Percursos

A diretriz, ao solicitar indicações para o catálogo, "Os antropólogos e os direitos humanos: experiências inovadoras de participação social", era de não partir de recortes predeterminados sobre que tipos de projetos e de pesquisas seriam mapeados. Assim, e a fim de sistematizar os dados, partimos de uma ficha que foi enviada a todos os sócios da ABA. Consideramos essa forma a mais adequada, já que permitiria a cada pesquisador definir se sua pesquisa se enquadrava na área de direitos humanos.

A ficha de catálogo, instrumento central para recolhimento de dados, foi difundida em uma primeira etapa pela mala direta de sócios da ABA; em fins de novembro de 1999, foi enviada por meio de 250 mensagens eletrônicas e 300 cartas por correio. Foi enviada também aos programas de pós-graduação em antropologia de todo o país. Nessa primeira etapa, recebemos somente cinco respostas. Entre março e junho de 2000, ampliamos a forma de difusão utilizando informações eletrônicas e a "home page" da ABA; pensávamos que dessa forma se ampliaria o público acadêmico atingido, sem restringi-lo aos antropólogos sócios da ABA. Com o mesmo fim, durante a 22ª reunião da ABA, difundimos o projeto de catálogo e distribuímos fichas nos pontos de passagem dos participantes do congresso. Como resultado dessa atividade de recolhimento de dados, recebemos 16 projetos e pesquisas que se autodefiniam como estudos sobre direitos humanos.

Estas 16 pesquisas ou projetos de intervenção começaram em épocas diferentes, implicam na execução de subprojetos, possuem diferentes temas, experiências, áreas e número de pesquisadores envolvidos. Apresentamos a seguir os objetivos centrais com a descrição de atividades de cada experiência, conforme as informações que nos foram enviadas.

Antropólogos e direitos humanos. Experiências inovadoras de participação social.

Projetos sociais: Coordenação e avaliação.

Cursos de Extensão de 30 e 60 horas, voltados para lideranças de diversos setores da sociedade. O Curso consta de um módulo teórico sobre Estado, Globalização, Políticas Públicas, Movimentos Sociais, ONGs, Cidadania, etc. E um segundo módulo mais de metodologia de elaboração, monitoramento e avaliação social e econômica de projetos sociais. Há, ainda, um terceiro módulo, que consta de oficinas práticas para atuação neste tipo de projetos. Durante o desenvolvimento deste conteúdo também são realizados simpósios e discussões com lideranças sociais dos diversos setores da sociedade para troca de experiências e debates. O mesmo programa é desenvolvido em 360 horas, num curso de Especialização para quem tem interesse de aprofundar e especializar-se neste campo de conhecimentos.

Instituição: Universidade Federal do Rio Grande do Sul
Coordenador: Carlos Steil

Violação dos direitos humanos e assassinato de homossexuais no Brasil.

Levantamento nos jornais, revistas, noticiários de televisão, cartas, internet e informações orais sobre episódios de violação de direitos humanos e assassinato de gays, lésbicas e travestis. Todas as notícias são catalogadas em pastas e as informações resumidas em categorias analíticas (assassinatos, atentados e agressões físicas, discriminações, insultos, etc.), além de tabelas analíticas sobre os homicídios ocorridos mês por mês em todo o país, com as características demográficas das vítimas e criminosos.

Instituições: Grupo Gay da Bahia, Secretaria de Direitos Humanos da Associação Brasileira de Gays, Lésbicas e Travetis, Departamento de Antropologia da Universidade Federal da Bahia

Coordenador: Luiz Mott.

As minorias ciganas e seus direitos.

A pesquisa foi iniciada em 1993, a pedido da Procuradoria da República na Paraíba, visando a obtenção de dados para um Inquérito Civil a ser instaurado sobre as violações aos direitos dos ciganos Calon do município de Sousa/PB.

Na atualidade, a pesquisa tem como centro o estudo da história, situação atual, direitos e reivindicações dos ciganos na Europa e no Brasil. Divulgar os dados e publicações pela internet.

Instituição: Núcleo de Estudos Ciganos – Universidade Federal da Paraíba
Coordenador: Frans Moonen

Educação e Mercosul.

Palestras, assessorias e consultorias sobre relações interétnicas, abordando especialmente a situação dos negros no país expostos ao racismo. Palestras, assessorias e consultorias sobre questões relativas à educação intercultural e/ou multiculturalismo que têm mobilizado a área da educação, com a qual estabelecem interface na discussão sobre pluralidade cultural.

Pretende-se conhecer as bases sobre as quais está sendo ou será construída a integração proposta pelo Mercosul no campo educacional, considerando a diversidade cultural que caracteriza os países membros. Dessa forma, abre-se a possibilidade futura de serem produzidos estudos comparativos sobre as diferentes experiências educacionais formais e informais entre os blocos econômicos existentes, em especial a União Européia.

A avaliação preliminar de que há um universo de dados inexplorados e desconhecidos sobre as relações entre Brasil, Paraguai, Uruguai e Argentina exige que sejam definidas prioridades no processo de investigação integrada.

Definiu-se como indispensável, numa primeira fase, cuja duração é estimada em dois anos, a realização dos seguintes objetivos:

1) Levantamento bibliográfico nos países envolvidos, sobre questões relativas: a) às propostas de ensino formais nesses países, na perspectiva de contemplar as múltiplas identidades existentes interna e externamente; b) à diversidade cultural interna e externa do Paraguai, Uruguai e Argentina e suas relações, pressupondo a existência de um processo educacional de construção de identidades, via socialização primária; c) às propostas existentes no campo educacional acordadas pelo MERCOSUL.

2) Pesquisa de campo nas fronteiras entre os países do MERCOSUL, considerando que a sua estruturação efetiva, para além da meta de destruir as barreiras econômicas existentes, implica o conhecimento das experiências vividas histórica e cotidianamente na relação dos nacionais com o "outro". No caso de Mato Grosso do Sul, prevê-se o mapeamento da diversidade cultural que o caracteriza internamente, com especial atenção conferida às cidades próximas da região de fronteira com países envolvidos. Nos estados sulinos, serão desenvolvidos levantamento bibliográfico e contatos com pesquisadores de diversa formação científica, para garantir uma abordagem interdisciplinar de questões relativas à educação, à diversidade cultural e à globalização.

3) Constituição inicial de um banco de dados e a organização de seminários e de exposições com o material e as informações coletadas nessa primeira fase, como forma de socializar para um público mais amplo o conhecimento adquirido e para nortear as futuras atividades da equipe de pesquisa. Viabilização do intercâmbio institucional acadêmico-científico com os países envolvidos, procurando incorporar pesquisadores interessados à equipe.

Instituição: Universidade Federal de Mato Grosso do Sul – UFMS.
Coordenadora: Ana Lúcia Valente.

Projeto Araribóia: educação em saúde.

O projeto visa, basicamente, capacitar agentes indígenas de saúde da Terra Indígena Araribóia (Maranhão) a:

Identificar os sintomas e sinais de doenças sexualmente transmissíveis (DST);

Encaminhar seus portadores a serviços de saúde de referência;

Acompanhar seu tratamento;

Divulgar informações qualificadas sobre DST (e seus modos de transmissão e prevenção) junto a suas comunidades;

Elaborar material didático de apoio sobre o tema, na língua Guajajara.

Finalmente, o projeto também se propõe a capacitar e assessorar as organizações indígenas da região para a elaboração e encaminhamento de seus próprios projetos em saúde.

Instituição: Mestrado em Saúde e Ambiente- Universidade Federal do Maranhão

Coordenador: István Van Deursen Varga.

Violências contra mulheres e crianças camponesas.

Levantamento dos casos de violência. Reuniões em diferentes municípios do Maranhão com as viúvas, em diferentes momentos do trabalho, para discussão da situação de cada uma e da situação geral do Maranhão no que se refere à violência no campo. Acompanhamento da constituição de um movimento organizado de mulheres nessa condição, reuniões com os sobreviventes das chacinas e dos massacres (os próprios trabalhadores, filhos ou outros parentes da vítima). Congressos de viúvas do MA e do PA, em São Luís. Reuniões em S. Luís da executiva do Movimento de viúvas. Reuniões entre entidades para tratar desse tema (CPT, SMDDH, Caritas, etc.). Visitas às viúvas em suas casas. Levantamento dos processos judiciais em andamento. Assessoria jurídica para o acompanhamento desses processos. Campanha pública para a concessão de uma pensão especial do governo do Estado do Maranhão, de modo a reparar os danos cometidos a essas famílias. Acompanhamento de um grupo de mulheres a Brasília para encontrar-se com Esquivel e acompanhamento dessas mulheres e daquelas do Pará a S. Luís para encontrarem-se com o Papa. Discussões na Universidade com a presença das viúvas. O projeto deu origem a uma ONG – Núcleo de apoio a viúvas de trabalhadores rurais assassinados em conflitos de terra. É um projeto de pesquisa e extensão, envolvendo alunos dos cursos de Ciências Sociais e de Direito da UFMA.

Instituição: Universidade Federal do Maranhão.
Coordenadora: Maristela de Paula Andrade

Antropologia e cidadania em grupos populares.

Pesquisa e consultoria junto a organizações governamentais e não-governamentais com intervenção em grupos de baixa renda, adolescentes infratores, assentados e acampados.

Projetos recentemente concluídos:

a) "Promotoras legais populares", projeto Themis (Três fascículos publicados junto à Themis-Assessoria Jurídica e Estudos de Gênero (Porto Alegre): "Programas de capacitaçao Legal" (60p.) (Cláudia Fonseca – apresentação e organização), "Gênero e cidadania" (60 p.) (Claudia Fonseca – organizadora) e "Promotoras legais Populares: um relato" (Alinne Bonneti, Mestre).

b) Adolescentes privados de liberdade e internos na FEBEM-RS (com a Dra. Carmen Craidy - FACED e Dra. Silvia Koller - CP-Rua-Psicologia), que resultou no artigo "Os direitos dos mais ou menos humanos", por Cláudia Fonseca e Andrea Cardarello. Horizontes Antropológicos, nº 10.

c) Foram elaborados inúmeros textos sobre grupos populares, com ênfase particular na interface entre agentes de intervenção e determinadas populações. As publicações principais incluem:

Um número especial da *Revista Horizontes Antropológicos* sobre "Cidadania e Diversidade Cultural" (Nº 10, 1999), cuja lógica organizadora é fruto das discussões coletivas dos membros do Núcleo de Antropologia e Cidadania (NACI). A revista inclui, ainda mais, um prefácio redigido pela coordenadora do NACI e um artigo sobre a pesquisa da FEBEM escrito por dois membros da equipe.

A edição em espanhol do livro *Caminos de la Adopción* pela Editora da Universidade de Buenos Aires. EUDEBA.

Projetos em andamento:

O projeto "Criança e Cidadania" já iniciou uma nova fase com o subprojeto, iniciado em março de 1999: "Educador ou carcereiro? Modelos de autoridade na maternagem estatal" sobre padrões de autoridade na vivência institucional de adolescentes autores de ato infracional, servindo de medida socioeducativa que envolve privação de liberdade. Este projeto se desenvolve sob supervisão do mestre em Antropologia e funcionário da FEBEM Martin Jardim junto ao NACI, que orienta o trabalho do bolsista de graduação Diego Soares da Silveira.

Projetos de intervenção: No início de 1999, houve a abertura de um novo subprojeto: "análise antropológica do projeto FESC junto a famílias em risco". Este projeto nasceu de um pedido de assessoria da parte do órgão estadual FESC que desenvolve um trabalho de intervenção entre famílias pobres cujas crianças são vítimas de diferentes formas de violência. O Projeto conta com financiamento da UNICEF. A assessoria do NACI envolve a pesquisa etnográfica entre as famílias alvo de intervenção tanto como a análise das representações dos técnicos que realizam o programa de intervenção. Este projeto envolve a colaboração de uma mestre em Antropologia que supervisiona o estágio da bolsista Ciana Vidor, sob a supervisão da mestre e membro do NACI Heloísa Paim.

Assentamentos rurais – uma abordagem cultural (Profa. Dra. Daisy M. Barcellos). O projeto trata da situação cultural de assentamentos de colonos implementados pelo INCRA nas localidades de Segredo Farroupilha – Encruzilhada do Sul e Viamao, Rio Grande do Sul. Visa mapear a origem dos assentamentos do ponto de vista de sua inserção nos acampamentos do MST, da sua procedência quanto à zona do estado e do seu pertencimento étnico. Busca analisar esses fatores enquanto bagagens culturais, matrizes informadoras de suas práticas e representações e entendê-las como parte viva dos processos econômicos e políticos ativos naquela realidade.

A reprodução estratificada: as políticas de redistribuição de crianças (Profa. Claudia Fonseca). Em anos recentes, surgiu um bom número de pesquisas sobre famílias adotivas na Europa e na América do Norte. Os pesquisadores criticaram sistematicamente as ideologias carregadas de valores que alimentam a representação dos pais adotivos, denunciando, por exemplo, o "mito do abandono", e, no caso de processos entre países e transraciais, a reificação das "origens culturais" da criança. Eles igualmente relativizaram os problemas de identidade de crianças adotadas, levantando perspectivas teóricas inovadoras sobre "identidades encadeadas", "autoria múltipla", "famílias heterotópicas", pluripaternidade, e "parentesco inibido". Mas relativamente pouco tem sido dito sobre os países de origem e as famílias doadoras de onde vêm as crianças. Tampouco se falou muito sobre formas alternativas de colocação das crianças em sociedades complexas, como a adoção informal. O objetivo deste projeto de pesquisa é de melhor explorar as dimensões políticas de diferentes tipos de deslocamentos de crianças, considerando doadores e receptores de crianças como partes diferentes e desiguais no processo de "reprodução estratificada" (Shellee Colen 1995).

Ao focalizar as hierarquias de classe, raça, etnia e gênero, embutidas numa economia global, essa perspectiva busca mostrar como atitudes e práticas culturais específicas ligadas à criação das crianças são diversamente valorizadas. Será necessária uma pesquisa sobre como se entrelaçam sistemas reprodutivos diferentes – um garantindo a perpetuação ou, ao contrário, contestando a existência do outro. A colocação de crianças é considerada um modo de reprodução especialmente politizado na medida em que trata da "redistribuição" e não apenas da "produção" de crianças; trata de "criar uma geração" e não simplesmente de "ter um filho" (Judith Modell 1998). A comparação entre diversos estudos de caso de adoção informal e formal destina-se a permitir a compreensão mais profunda de como as questões são formuladas a nível global, e como, uma vez codificadas por convenções internacionais, passam pelos legisladores especialistas de cada país para atingir a realidade nacional.

Instituição: Universidade Federal do Rio Grande do Sul
Coordenadoras: Claudia Fonseca e Daisy Barcellos

Pesquisa sobre linhas de pensamento e de ação vinculadas ao solidarismo, à paz e ao personalismo.

Pesquisa iniciada em 1996. Trabalho teórico e pesquisa bibliográfica sobre pensadores e linhas de pensamento e de ação vinculados ao solidarismo, à paz (Gandhi, etc.) e ao personalismo (M. Buber, E. Levinas. P. Ricoeur, etc.), buscando vínculos e enlaces com algumas idéias e propostas de valores e direitos humanos na atualidade (conspiradores aquarianos, ativistas religiosos, especialmente cristãos). Pesquisa de campo junto a grupos de solidariedade e comunidades alternativas.

Instituição: Unicamp
Coordenador: Carlos Rodrigues Brandão.

Estudo sobre o período militar e a fase neoliberal.

Pesquisa sobre o período da ditadura militar relacionado com esta fase neoliberal que estamos vivendo, na qual o contrato social é rompido. Fórum na Universidade do Vale do Rio dos Sinos sobre DDHH e publicações sobre o tema.

Instituição: Universidade do Vale do Rio dos Sinos – PPGEDuc e Curso de Ciências Sociais.
Coordenadora: Ivee Manetzeder Keil

Direitos Humanos e Bioética.

Direitos humanos e bioética marcada em uma visão antropológica sobre os direitos humanos.

Instituição: Universidade do EFS
Pesquisadora: Eliane Azevêdo

Direitos Humanos e Mulheres. Violência Doméstica. Desigualdades.

Violência doméstica. Gênero e direitos humanos. Pesquisa e publicações sobre a violência sofrida nos corpos das mulheres.

Pesquisadora: Gilda Castro Rodrigues

Etnologia Indígena Comparada: Brasil-Austrália-Canadá.

O projeto visa um estudo comparativo da etnologia indígena que se faz na Austrália e no Canadá a partir da etnologia indígena que se faz no Brasil. Abrange, também, um estudo comparativo dos movimentos indígenas e políticas indigenistas, os processos de renegociação das relações entre as sociedades indígenas e os estados nacionais. Os caminhos e processos para adequar as legislações indigenistas aos "modos de ser" indígenas e o papel das organizações indígenas em lidar com a legislação. Como adequar conceitos jurídicos dos estados nacionais fundamentados na idéia de direito individual com as realidades indígenas experimentadas em termos de direitos coletivos.

O projeto implica uma série de pesquisas comparativas entre Brasil, Austrália e Canadá. E pesquisas em e sobre organizações indígenas em Roraima, organizações indígenas no rio Solimões e sobre emergência étnica entre os Tapuios do Carretão.

Instituição: UnB
Coordenador: Stephen Grant Baines

"Diretório dos Índios".

Sem projetos atuais sobre o tema. Trabalhou sobre a lei "Diretório dos Índios" (1757-1798), na tese de doutorado defendida no Museu Nacional em 1995:/UnB "O diretório dos Índios: um projeto de civilização no Brasil do século XVIII". Editorial UnB, 1997, Brasília.

"O diretório dos Índios" in Missões: a questão indígena. Anais do XI Simpósio Nacional de Estudos Missioneiros. Editora Unijuí. Ijuí. RS, 1997.

"Tapuio" in Enciclopédia 3. Povos Indígenas no Brasil. Volume 1. Etnia.

Pesquisadora: Rita Heloísa de Almeida

Vicissitudes da qualidade total num contexto de perdas trabalhistas.

Pesquisa em uma grande empresa mista. Estudo do impacto pelas mudanças na CULTURA DO TRABALHO sobre seus funcionários. A qualidade total como ideologia no momento crucial das mudanças na cultura do trabalho. Pesquisa, ensino e publicações nas áreas de Antropologia Social e Sociologia; exposição de peças artesanais, fotografias e objetos históricos.

Instituição: UFMG
Coordenador: Zanoni Neves

Assessoria aos membros do Ministério Público da União.

Assessoria aos membros do Ministério Público da União em processos administrativos e judiciais que envolvam conhecimentos antropológicos.

Instituição: Ministério Público da União.
Coordenadora: Maria Betânia Guerra Duarte

Fala interno: O direito humano à palavra no Cárcere.

Desenvolver a capacidade de expressão verbal dos presos do Centro de Integração e Reabilitação – Papuda-DF. Oficinas de roteiro, poesia, dramaturgia, jornalismo, mamulengo, cordel, samba e rap.

Instituição: Universidade de Brasília
Coordenadora: Rita Segato

Xerente de Tocantins.

Formulação de "denúncias" à grave situação pela qual a população Xerente passa. Existem atualmente pelo menos quatro projetos de desenvolvimento exercendo forte pressão sobre os Xerente: Hidrovia Araguaia Tocantins, Hidroelétrica do Lajeado, Proceder III, a expansão da capital Palmas. Também existem tentativas de pavimentação de estradas que cortam a reserva, etc.

Instituição: Mari- Grupo de Educação Indígena
Pesquisador: Luis Roberto de Paula

Temas e regiões

Sobressaem nesse mapeamento de experiências que reuniu antropologia e direitos humanos as regiões geográficas onde se localizavam os projetos: Minas Gerais, Rio Grande do Sul, Mato Grosso do Sul, Bahia, Distrito Federal, Rio de Janeiro, São Paulo e Maranhão. É importante ressaltar que a maioria das respostas chegou do "interior" e não dos "centros" de produção antropológica do Brasil. E dentro dessa distribuição geográfica, os trabalhos são executados nos mesmos espaços em que são projetados. É possível distinguir três categorias:

a) Aqueles que desenvolvem suas atividades no mesmo espaço geográfico de seus centros de pesquisa e a maioria dos seus pesquisadores; é o caso do projeto com presidiários (Brasília), sobre violência contra mulheres e crianças camponesas (Maranhão), sobre comunidades indígenas Araribóia (Maranhão) e sobre direitos dos trabalhadores (Minas), ou aqueles sobre cidadania em grupos populares (Porto Alegre), e, mais especificamente, aquele de assessoria do Ministério Público da União (Rio de Janeiro).

b) Aqueles que têm âmbito nacional; por exemplo, o projeto sobre violações de direitos humanos e assassinatos contra homossexuais, direitos humanos e violência doméstica.

c) Aqueles que levam seus limites e suas inquietações a pesquisas comparativas e a projetos regionais ou internacionais, como é o caso do projeto de educação no Mercosul, e o projeto de etnologia comparada sobre o Brasil, Austrália e Canadá.

Se as regiões, assim como os espaços, dessas experiências cobrem uma gama que vai do local ao regional e internacional, as temáticas das pesquisas e atividades também cobrem um leque de problemas sociais diversos (violência, discriminação, homicídios) e de necessidades ou parâmetros de inter-relação social (cidadania, solidariedade, intervenção, movimentos sociais, educação). Se partimos de palavras-chaves para identificar as pesquisas, estas apontam tanto para os grupos beneficiários dos projetos quanto para os grupos atingidos pela violação dos direitos humanos: minorias étnicas, infância, famílias em situação de risco, homossexuais, ciganos, outros grupos vulneráveis. Por outro lado, essas palavras também indicam os tipos de ação envolvidos: educação, capacitação, intervenção. Se observamos as palavras utilizadas para definir o tipo de atuação e os objetivos propostos, notamos que há uma categoria que se repete e que parece ter maior eficácia simbólica – cidadania – o que é importante assinalar, pois como entrada analítica e de definição de atuação ultrapassa a expressão direitos humanos.

Parcerias e públicos

Os projetos e pesquisas nessa área de trabalho distinguem o "fazer antropológico" das pesquisas tradicionais no campo acadêmico (como produção de textos, apresentações em congressos, defesas de teses), e as atividades diretamente ligadas à "intervenção", "mediação" e "atuação" concretas do antropólogo junto aos atores sociais. A maioria das experiências apresentadas está relacionada com assessorias, cursos de extensão, denúncia de violação de direitos das minorias (homossexuais, camponeses, trabalhadores) e, em menor grau, com reflexões teórico-metodológicas ou com pesquisas acadêmicas.

O leque de possibilidades de intervenção e atuação, de parcerias e de público-alvo se estende e ocupa diversos espaços. Quando observamos as parcerias, vemos que elas abarcam desde vários escalões de governo municipal e federal, passando por secretarias especializadas em assuntos de minorias e incluindo redes nacionais, grupos sociais e associações regionais dedicadas à defesa dos direitos humanos. A universidade sempre aparece nesse contexto como ligação ou ponte entre o nível estatal e as organizações sociais. É preciso ressaltar que a colaboração e a parceria estão geralmente restritas a instituições de âmbito nacional; a única experiência que apresenta um trabalho conjunto com agências internacionais é aquela que busca soluções para a violência contra mulheres e crianças camponesas, que conta com o apoio do Conselho Mundial de Igrejas.

Se as parcerias mostram como se tecem relações entre a universidade e outros setores sociais ou estamentos estatais, o público beneficiário dos projetos também mostra variedade de diálogos. Podemos distinguir dois grandes núcleos que condensam as relações entre a universidade, seus pesquisadores e os beneficiários de sua intervenção: 1.- dirigidas a grupos vulneráveis específicos e 2.- dirigidas a grupos mais amplos, não necessariamente em situação de risco social.

Esses dois níveis de "público" determinam também as formas e tipos de atuação, intervenção e assessoria. Por um lado, há respostas urgentes, destinadas a grupos já atingidos pela violação de seus direitos (caso das viúvas de assassinados no campo, homossexuais assassinados, perda de direitos indígenas, grupos de baixa renda, adolescentes infratores) e respostas preventivas, para um público para o qual se projeta uma atuação educativa (como o projeto de educação no Mercosul, cujo alvo principal são os alunos e professores de primeiro e segundo graus, ou o trabalho com lideranças de movimentos sociais, sindicatos, trabalhadores).

Como podemos observar na descrição de cada projeto, a intervenção ou a ação direta caracteriza a maioria das propostas. Isso implica, por um lado, em determinados esquemas de atuação em relação ao público-alvo, determinados modos de organização em núcleos de trabalho ou formação de jovens pesquisadores para criar equipes que possam "responder" às demandas que nascem do diálogo entre o mundo acadêmico e a sociedade. Além disso, essa prática também determina a reformulação e a criação de ferramentas que permitam lançar uma prática antropológica diferente, que um dos grupos chama de "antropologia aplicada". Isso implica, entre outras coisas, em modos de sistematização de dados e formas metodológicas de trabalho em acordo com a relação estabelecida entre o grupo de pesquisa e seu público. Aqui o "retorno", as "respostas", a busca de soluções se sobrepõem ao estilo acadêmico. Assim, a criação de núcleos de trabalho, as publicações e a montagem de bases de dados surgem como alternativas de comunicação entre os diversos estamentos com os quais se inter-relacionam.

Visibilidade: denúncias, educação, publicações, bases de dados

Em todo trabalho destinado a formas de intervenção e atuação necessariamente se situam estratégias de visibilidade. Nos projetos apresentados podemos resumir essas estratégias em duas formas: por um lado, a denúncia, especialmente quando se trata de assassinatos, abuso e discriminação (homossexuais, camponeses, minorias, trabalho infantil, racismo) e, por outro, a educação em sentido amplo: incentivando projetos sociais, informando sobre doenças sexualmente transmissíveis, dando palestras e assessorias, organizando exposições... Em ambas as formas de visibilidade está incluído um processo mais amplo destinado à solidariedade. Além do trabalho antropológico, essa atuação exige também, por parte do pesquisador, um contato direto com os grupos, e dessa relação muitas vezes surgem novas organizações, geralmente ONGs, onde os diretamente atingidos passam a reunir-se e identificar-se (no catálogo há o exemplo da ONG Núcleo de Apoio a Viúvas de Trabalhadores Rurais Assassinados em Conflitos de Terra).

Outras formas de visibilidade conjugam as práticas aprendidas no fazer antropológico acadêmico com as demandas nascidas da atuação no campo dos direitos humanos.

Publicações

Entre os tipos de publicação apresentados nos projetos caracterizam-se formas de difusão dos dados para públicos amplos, como boletins e material didático. Esse tipo de publicação, bastante diferente daquele produzido no âmbito acadêmico, tem por objetivo estabelecer a comunicação com o público ao qual se destinam os projetos. Como exemplo, podemos citar o boletim *Violações dos Direitos Humanos e Assassinato de Homossexuais no Brasil*, ou a elaboração de material didático sobre doenças sexualmente transmissíveis em línguas indígenas, realizada pelo projeto Araribóia. As publicações podem, também, ter outro tipo de objetivos e estarem relacionadas aos indivíduos e sua produção, como é o caso do projeto "Fala Interno", que promove a publicação de escritos dos presos em revistas literárias.

Base de dados

As bases de dados, que muitas vezes começam como material necessário para justificar denúncias e manter estatísticas sobre violações a direitos humanos, logo tornam-se um material de múltiplas utilidades potenciais. O fato de contar com essas informações abre a possibilidade para essa utilização, que freqüentemente fica restrita aos próprios grupos de pesquisa. O projeto sobre "Violação de Direitos Humanos e Assassinato de Homossexuais no Brasil" conta com uma base de dados e tipologia sobre as principais ocorrências de violação de direitos humanos e assassinato de homossexuais. Já o "Núcleo de Estudos Ciganos" coloca à disposição dos interessados ampla bibliografia nacional e internacional sobre as minorias (em geral e, mais especificamente, os ciganos) e seus direitos. O projeto "Educação e Mercosul" está constituindo um banco de dados com material sobre educação na região, e o grupo "Violência contra Mulheres e Crianças Camponesas", como resultado de suas intervenções em processos judiciais, elaborou uma base de dados sobre os casos de violência no campo e os processos judiciais dela decorrentes.

Espaços: Universidade e Núcleos de Trabalho

Uma das características das experiências listadas é o trabalho em equipe. Além da produção intelectual solitária, cada projeto apresenta a formação de grupos de trabalhos nos quais professores e alunos trocam conhecimentos. Mas diversos projetos também implicam na formação de núcleos de trabalho. Esses núcleos mostram no próprio nome a marca de sua atuação, assim como os laços criados entre a esfera universitária e a sociedade civil. Dentro das experiências relatadas existem cinco núcleos de trabalho: Núcleo de Estudos Ciganos, cujas atividades se realizam no âmbito de uma universidade; Núcleo de Apoio a Viúvas de Trabalhadores Rurais Assassinados em Conflitos de Terra (NAV), que se autodenomina ONG; Núcleo de Antropologia e Cidadania, que desenvolve suas atividades no contexto universitário mas funciona como ligação entre diversos grupos sociais; Núcleo de Estudos de Bioética que, entre outros projetos, leva a cabo uma experiência de intervenção direta numa prisão de Brasília, e, por último, o Núcleo de Estudos da Cultura Mineira, também de âmbito universitário.

A universidade pública, federal ou estadual, se afirma como espaço privilegiado onde nasce a maioria das experiências (dos 16 projetos, apenas dois não pertencem a esse âmbito). Assim, a importância das parcerias adquire uma dupla significação porque coloca a universidade e seus agentes como vínculo necessário entre a execução e a elaboração de projetos e a busca de recursos que tornem possível a atuação.

Uma antropologia dos direitos humanos. O lugar dos direitos humanos no campo acadêmico

Não podemos afirmar que as experiências aqui catalogadas resumem as formas de participação social dos antropólogos na área de direitos humanos. No entanto, consideramos que esse pequeno mapa representa e mostra práticas solidárias e de intervenção perpassadas por um olhar antropológico, através do qual o trabalho de campo, o contato direto com o "outro" (índios, homossexuais, pobres, mulheres, jovens, crianças, trabalhadores, negros, ciganos, camponeses), a utilização de categorias e palavras "nativas", a preocupação constante com as definições sobre o que significam os direitos humanos nos grupos nos quais se trabalha, se sobrepõem e se contrapõem às generalidades e imposições das grandes definições, entre as quais a própria definição universal de direitos humanos.

Essas experiências se somam a outras nas quais também está presente o trabalho antropológico em temáticas e reflexões relativas aos direitos humanos. Podemos citar o "Centro de Estudos da Violência" da USP, criado com o objetivo de "identificar e analisar os obstáculos que impedem uma efetiva implementação do Estado de Direito no Brasil... atuando no debate público em favor da promoção dos direitos humanos e da construção da cidadania democrática no país".

Podemos considerar este núcleo como tendo estabelecido o diálogo mais visível entre a universidade e o Estado nacional, colaborando e formulando políticas públicas relativas aos direitos humanos. Também temos o "Núcleo de Estudos e Pesquisas sobre a Infância" do IFCS-UFRJ, que centra seus objetivos na "constituição de um espaço acadêmico destinado à discussão de trabalhos e pesquisas sobre a infância" e que "com base nessa experiência, o núcleo presta assessorias a instituições públicas e da sociedade civil em assuntos relacionados diretamente à infância, como: violência, trabalho e assistência jurídica social".

Um projeto de extensão levado a cabo pelo Programa de Pós-Graduação em Antropologia Social da Universidade Federal do Rio Grande do Sul, denominado "Antropologia e Cidadania", também completa esse mapa. Este Núcleo objetiva ampliar, "para a sociedade civil, debates e pesquisas acadêmicas sobre temáticas que tratem de direitos humanos". As atividades desse projeto se realizam mensalmente fora do campus universitário, no Centro Cultural Integrado, a fim de que públicos de diversas origens se aproximem dessa experiência. Por exemplo, no ano 2000, realizaram-se debates sobre diversos temas: Arte e Política, Índios e Estado, Saúde Indígena e a Implantação dos Distritos Sanitários, Antropologia e Violência, Memória, Tradições Sucessórias e Direitos Étnicos, Antropologia e Gênero.

A relação entre direitos humanos e antropologia pode ser vista como fecunda nos tipos de projetos em realização e nas alternativas propostas para uma antropologia de intervenção. No entanto, quando observamos a produção acadêmica em textos, livros, teses, apresentações em congressos, raras vezes a categoria direitos humanos é utilizada, seja como ferramenta de análise ou como categoria "nativa". Parece que, apesar das experiências concretas dos antropólogos em volta do tema dos direitos humanos, estas não são acompanhadas, na mesma proporção, por discussões teórico-metodológicas, em torno das quais há um silêncio significativo.

O silêncio, como lembra Pollak (1989), é revelador e pode ter razões complexas. Direitos humanos são, no campo acadêmico, ou pelo menos na prática antropológica, uma categoria pouco tematizada em comparação a outras que aparecem abundantemente, como cidadania, democracia ou justiça. Os trabalhos enfocam temas que dizem respeito aos direitos humanos e/ou a suas violações, como violência, crime, assassinato, discriminação, etc., mas raramente utilizam a entrada "direitos humanos" como eixo analítico. Por exemplo, entre 202 trabalhos citados no longo texto de Alba Zaluar (1999) "Violência e crime", que mapeia discussões da antropologia brasileira entre 1970 e 1995, apenas dois textos usam a categoria direitos humanos em seus títulos. Quando se procura no texto de Lilia Moritz Schawarcz (1999) "Questões raciais e etnicidade", dos 170 trabalhos citados nenhum trata de direitos humanos, apesar de temas como preconceito, discriminação e racismo serem centrais na discussão.

Outro exemplo, no mesmo sentido, são as dissertações de mestrado e as teses de doutorado catalogadas pela Associação Brasileira de Antropologia. Nenhuma delas utiliza a categoria direitos humanos, nem no título nem nos resumos apresentados por seus autores; no entanto, de novo são numerosos os temas relacionados com violência, discriminação, minorias, justiça.

Os projetos aqui apresentados podem dar algumas indicações sobre o que realizar nessa área e como. O contato com os pesquisadores, a conformação de uma rede que fortaleça a relação entre antropologia e direitos humanos, que construa pontes entre a universidade e a sociedade podem, potencialmente, surgir da reunião desses projetos.

Pode-se pensar numa antropologia dos direitos humanos que enfrente os dilemas, proponha debates e questões que ponham em xeque os paradoxos da modernidade, das idéias de democracia, de cidadania, enfim, de "civilização".

BIBLIOGRAFIA

Cardoso de Oliveira, Luís R. "Direitos humanos e antropologia". Boletim da ABA, Nº 30, Río de Janeiro, 1998.

Elias, Norbert. "A sociedade dos indivíduos". Rio de Janeiro: Jorge Zahar Editores, 1994.

Levi-Strauss. "Raça e História". Antropologia estrutural dois. Rio de Janeiro: Tempo Brasileiro. 1984.

Schwarcz Moritz, Lilia. "Questao racial e etnicidade". O que ler na ciência social brasileira (1970-1995). Antropologia. São Paulo: Editora Sumaré, 1999.

Pollak, Michel. "Memória, esquecimento e silêncio". Estudos Históricos, Nº 3, Río de Janeiro, 1989.

Soares, Luiz Eduardo. "Algumas palavras sobre direitos humanos e antropologia". Boletim da ABA, Nº 30, Rio de Janeiro, 1998.

Valente, Ana Lúcia E. F. "A propósito da comissão de direitos humanos da ABA". Boletim da ABA, Nº 30, Rio de Janeiro, 1998.

Zaluar, Alba. "Violência e crime". O que ler na ciência social brasileira (1970-1995). Antropologia. São Paulo. Editora Sumaré, 1999.

Para alguns marcos da relação entre antropologia e direitos humanos na época de sua elaboração, ver Levi-Strauss (1984). Para um olhar que atualiza o debate, ver a discussão entre Soares, L (1998), Cardoso de Oliveira L (1998) e Valente (1998).

Ver home page do centro: www.nev.prp.usp.br

Folheto de divulgação "Grupos de pesquisa em Ciências Humanas". Rio de Janeiro: UFRJ, 1993.

Além disso, modos mais formais de institucionalização do tema, como o Prêmio ABA/Ford ou o curso organizado numa parceria entre ABA/Ford e o Balcão de Direitos, ajudam e incentivam a "instalar" o tema no meio acadêmico.

Parte III

Direitos Humanos em várias dimensões (um curso)

Débora Diniz
Sônia Corrêa
Lygia Sigaud
Hélio Silva
Roberto Kant de Lima
Santiago Villaveces-Izquierdo
Ignácio Cano
Paulo Lins
Marcos Alvito
Rita Segato
Marcos Sá Corrêa
Elizabeth Rondelli
Regina Novaes
Paulo Jorge Ribeiro

VALORES UNIVERSAIS E DIREITOS CULTURAIS

Débora Diniz

(Antropóloga, pesquisadora da organização não-governamental ANIS: Instituto de Bioética, Direitos Humanos e Gênero)

É um enorme prazer estar aqui*. Antes de qualquer coisa, acho que a minha trajetória acadêmica deve ser mencionada, até mesmo para que vocês entendam o fundamento de meus comentários. Sou antropóloga de formação básica e avançada. Hoje, trabalho com ética aplicada à saúde, direitos humanos em saúde, além de atuar no campo dos direitos fundamentais, em especial relacionando-o à questão das relações de gênero e do feminismo. O título que me foi sugerido para esta aula de hoje, Valores Universais e Direitos Culturais, permite tocar em algumas questões incômodas ao antropólogo que se aproxima do tema dos direitos humanos. Eu sei que alguns de vocês possuem uma trajetória em ciências sociais ou mesmo em antropologia, outros são militantes do movimento de direitos humanos, o que é um desafio para meu discurso, obrigando-me a tentar juntar esses dois mundos, esses dois interesses sob uma única perspectiva. Reconheço que alguns pontos poderão ser repetitivos para alguns, básicos talvez, mas novos para outros, a depender da perspectiva do argumento.

Estas duas categorias, e especialmente a tensão entre elas, valores universais e direitos culturais, são, hoje, uma das questões fundamentais da antropologia, dos estudos etnográficos, em especial dos estudos no campo do multiculturalismo. A idéia de valores universais, e em particular de direitos humanos, que prefiro chamar de direitos fundamentais, tem a força de ocupar o espaço de uma suposta natureza do humano. Quando se fala em direitos fundamentais para a humanidade, direitos fundamentais das mulheres – uma idéia que me é muito cara – direitos fundamentais de grupos socioculturais específicos, tais como minorias étnicas, estamos considerando, antes de tudo,

* As aulas do curso que se segue foram reproduzidas quase na íntegra.

algo de inalienável no humano e, conseqüentemente, nos grupos culturais. E é aí que lanço minha primeira indagação, mas que considero chave para seguir minha argumentação: o que haveria de inalienável no humano que os direitos fundamentais, sejam eles individuais ou coletivos, buscariam promover e proteger?

O grande paradoxo desse conceito, que, curiosamente, é sua força e sua fraqueza, é o fato de que exatamente não há nada de inalienável no humano, senão a própria crença humana de que temos algo inalienável e, quem sabe, sagrado a ponto de ser protegido. Tanto essa natureza fundamental não existe como um dado incontestável, que foi preciso criar essa categoria do direito humano para representar essa parcela inalienável que estaria em nós. Não apenas a categoria "direito humano" é histórica, social e culturalmente localizada, como também o seu correlato que é a cultura dos direitos fundamentais. Se pensarmos em cultura como um conceito antropológico, um sistema com estrutura e organização social, crenças e valores morais, tem-se a idéia de como proteger esse sistema de seus oponentes. O mesmo acontece com a cultura dos direitos fundamentais. De posse desse quadro cultural, mesmo que grosseiro, poderíamos listar quais são os valores que nós vamos defender dentro dessa cultura, algo que apontaria para minha pergunta inicial sobre o que haveria de inalienável no humano.

A antropologia e, mais particularmente, os estudos etnográficos estão dentre as disciplinas que mais vão pensar e refletir sobre a diversidade humana, propondo a dignidade de culturas e comportamentos distantes dos nossos. O conceito de alteridade e seu correlato incômodo, o etnocentrismo, vêm sendo duas ferramentas-chave da antropologia. Para pensar os limites desses dois conceitos e mesmo sua aplicabilidade no campo das ciências sociais e dos direitos fundamentais, gostaria de fazer referências à pesquisa que venho desenvolvendo sobre o tema da mutilação genital feminina.

Antecipando as críticas mais comuns que recebo por trabalhar com essa questão, em especial o fato de que a mutilação genital feminina nos é uma questão externa, ou seja, não faz parte de nosso arsenal sociocultural, justifico a opção em termos metodológicos da própria antropologia. A estratégia do estranhamento, isto é, o distanciamento moral e cultural necessário que nos permite duvidar e analisar outras culturas, um movimento difícil de ser executado quando o que está em questão são nossas próprias crenças e valores socioculturais, permitiu-se lidar com as questões dos limites do relativismo e as fronteiras do relativismo metodológico e ideológico com mais propriedade. Alguns de vocês poderiam sugerir que temos outros temas, tais como a violência contra as mulheres e meninas, o tráfico de mulheres, a opressão religiosa, dentre tantas outras questões, que poderiam ser exemplos importantes e culturalmente eficazes para a reflexão dos limites da antropologia e da cultura dos direitos fundamentais, mas, exatamente por fazerem parte de meu arsenal moral, o estranhamento seria mais doloroso, senão impossível.

A mutilação genital feminina é reconhecida pela maioria dos antropólogos como um ritual cultural, ao passo que para grande parte dos movimentos de mulheres é vista como um ato de violência, sendo qualificada de mutilação. Essa diferença de perspectiva no trato da questão aponta para um dos dados fundamentais para qualquer pesquisador que se aproxime do tema dos direitos fundamentais e diferenças culturais: como se descreve a alteridade. Por trás do tema da mutilação genital feminina há uma verdadeira guerrilha lingüística sobre como descrevê-la, seja como um ritual ou como um ato de violência. A mutilação genital feminina, para quem defende o princípio dos direitos culturais, vai ser chamada de cirurgia de iniciação ou ritual de iniciação. Já para aqueles que defendem os direitos fundamentais das mulheres, é um rito de violência, de extração ou ainda de mutilação física. Teoricamente está se falando da mesma coisa, da extração da genitália de mulheres e crianças por valores culturais. A pergunta que persiste, no entanto, é quais são esses valores culturais que justificam essas práticas?

A mutilação genital é uma prática comum a oitenta e três países e as razões que as justificam são as mais diferenciadas, podendo ser desde um ritual de iniciação, até formas de controle de sexualidade feminina ou mesmo padrões locais de higiene. Em países como a Etiópia, por exemplo, 98% das mulheres são mutiladas pelo sistema de mutilação faraônica, que recebe este título pelos vestígios da cirurgia em múmias egípcias. A mutilação faraônica é a mais radical de todas as formas, pois se extrai toda a genitália feminina, resultando na infibulação, que é, após a mutilação, uma espécie de costura do que resta da genitália. As mulheres e as meninas mutiladas ficam apenas com um orifício para urinar, menstruar e mesmo para dar a luz. Não restam dúvidas do quanto esta é uma cirurgia extremamente dolorosa, sendo que, após cada parto, a mulher deve ser novamente infibulada. As conseqüências para a saúde reprodutiva das mulheres, isso quando o ritual faraônico não as conduz à morte, são sérias. Primeiro, porque a cirurgia é feita sem condições de assepsia, não é feita em um ambiente hospitalar, e as anestesias utilizadas são rudimentares, tais como gelo ou casca de laranja. Segundo, pelo fato de que, com a mudança na estrutura da genitália feminina, durante o ciclo menstrual, por exemplo, o sangue é retido numa espécie de depressão que se forma na vagina. Em nome disso, o índice de infecção nessas mulheres e meninas é altíssimo.

Por essas e outras razões, a cirurgia de mutilação genital feminina é um dos grandes ícones de uma geração de antropólogos que vem pensando os limites da cultura, da tortura e dos valores universais. O curioso é que a grande maioria dos antropólogos procura antes justificar a mutilação da mesma forma que as culturas o fazem, do que sair à procura de mecanismos de julgamento para a diversidade cultural. O sentido culturalmente dado à cirurgia de mutilação converte-se no sentido adotado pelo antropólogo para justificar para si e para outras comunidades morais o porquê da prática.

Essa tendência de justificar a alteridade em termos culturais faz parte de uma ideologia das ciências sociais, e mais diretamente da antropologia, de crítica ao imperialismo, em que se questionava: "Quem vai ditar a verdade para a humanidade sobre o que seja ou não um padrão cultural válido? Quem vai determinar a validez ou a legitimidade de uma crença?". Por trás desse processo de questionamento, antes moral do que mesmo cultural, estava todo o repertório do possível humano, desde hábitos à mesa até crenças sobre a morte ou a saúde.

O reconhecimento da existência do humano no plural, da diversidade cultural da humanidade, fez com que a perspectiva do relativismo cultural – como uma ferramenta básica da antropologia – se consolidasse. O problema não parece ser, no entanto, o relativismo cultural como uma perspectiva metodológica de apreensão da realidade, mas o relativismo como uma ideologia que justifica as diferenças em termos culturais, ou seja, que assume as premissas culturais como verdadeiras. Passou-se, assim, do relativismo como método para o relativismo como uma ideologia. Em termos etnográficos, isso significa que as mulheres mutiladas têm o direito de continuar a serem mutiladas, assim como as culturas que defendem a virgindade têm o direito de continuar a defendê-la. Isso me parece ter sido um lapso disciplinar da antropologia, mas em alguma medida intencional, pois o objetivo maior era o controle de qualquer forma de imperialismo ou de controle cultural. Como resultado, algumas das perguntas deixadas pelo relativismo cultural foi sobre quem teria a autoridade do tribunal de julgamento da diversidade, ou seja, de quem é a voz do tribunal acima das contingências culturais.

A antropologia mostra exatamente que esse tribunal não apenas inexiste como qualquer tentativa de constituí-lo está fadada ao fracasso. O tribunal do olho de deus, aquele localizado acima da contingência de cada crença, será sempre um tribunal baseado em valores culturais de uma determinada cultura ou de um número reduzido de culturas. Qualquer julgamento que diga que a mutilação genital é um crime contra os direitos humanos das mulheres é, em alguma medida, um julgamento baseado dentro de uma tradição de direitos, de liberdade, dentro de uma tradição específica que não prevê a mutilação genital de mulheres. A defesa desse movimento cultural de defesa da diversidade em seus próprios termos trouxe consigo a idéia da tolerância como o princípio norteador do encontro entre diferentes comunidades morais. Mas novamente a pergunta incômoda que persistiu foi a de se seria possível ser tolerante com tudo e com todas crenças ou se deveríamos sair à procura de limites para a diversidade

Ou seja, se por um lado a saída encontrada foi a defesa da tolerância como a estratégia de mediação para a diversidade, por outro a defesa irrestrita da tolerância torna-se um movimento impossível de ser executado, pela própria impossibilidade de tudo aceitar. A defesa da tolerância nos leva imediatamente a pensar sobre qual seja o limite da tolerância ou mesmo se deve haver algum. E é exatamente esse o ponto fundamental do título da aula de hoje: a tensão entre o particular e o universal e em que medida a tolerância pode ser um princípio executável. Nós poderíamos usar o exemplo de ideologias racistas, tal como ocorreu no Estado nazista. A ideologia do nazismo deve ser respeitada como um valor cultural de uma nação que defende o nazismo? A escravatura pode ser considerada como valor cultural? O fato é que essas perguntas apontam para a questão de se é possível e desejável viver num mundo que exercita ou defende a tolerância radical. É possível a tolerância do tudo vale? O tudo vale é um princípio ético? A minha resposta é não. E não é apenas por achar que os nazistas são maus ou porque mulheres mutiladas são sofredoras.

A tolerância radical é impossível porque como seres humanos, moralizados que somos, não conseguimos suportá-la. Nós temos limites determinados pela nossa moralidade, pela nossa cultura. E, para nós, que estamos hoje aqui, que acreditamos e queremos acreditar ou defender a cultura dos direitos humanos, o nazismo, e, muito provavelmente, as mulheres mutiladas são exemplos de limites para a nossa tolerância. A intolerância é característica de todo sujeito que tem alguma crença. A condição de nossas crenças é circunscrever o mundo, deixando, com isso, parte do mundo fora do nosso espectro do aceitável. É impossível ser totalmente tolerante. Mas isso não quer dizer que, por ser a condição da moralidade em alguma medida a intolerância, nós não precisemos de defender a tolerância.

Defender os direitos humanos é defender uma possibilidade de tolerância, mas o que nós precisamos saber é que as duas categorias, esses dois discursos têm limites. Eles têm limites já que não estão falando de uma condição do humano que é dada pela biologia ou por alguma natureza compartilhada. Nós não nascemos de posse dos direitos fundamentais. O estado de natureza é livre do estado de direitos. O que nos diferencia de um macaco, por exemplo? Nós achamos que essa diferença existe, achamos que há algo em nós que não está entre os macacos, por exemplo. Por que nós toleramos que se conduzam experimentos com ratos em laboratórios? Por que se toleram experimentos com gorilas, por exemplo, para saber que o fumo causa câncer nos pulmões? Ou seja, minha pergunta é por que necessitamos sacrificar tantas vidas de animais não-humanos para comprovarmos algo exclusivo dos humanos, como o câncer devido ao fumo? Ora, o que sustenta essas premissas de pesquisa é exatamente a idéia de que haja algo superior e inalienável no humano e algo inferior e manipulável nos animais não-humanos.

Somente para se ter uma idéia dessa fronteira entre humanos e não-humanos no trato científico, o que pode ser um bom indicador dessa crença em algo inalienável nos humanos, exemplifico com o escândalo envolvendo o não-tratamento e a pesquisa com presos negros portadores da sífilis nos Estados Unidos. A penicilina, como o tratamento consolidado para a sífilis, emergiu durante a II Guerra, ou seja, cerca de vinte ou trinta anos antes desses experimentos. Desde o período da descoberta da penicilina, regra geral, as pessoas não morriam mais de sífilis. A penicilina tinha a propriedade de bloquear o curso natural da doença. Em meados dos anos setenta, explode o escândalo da pesquisa envolvendo presos negros portadores de sífilis que eram mantidos sem tratamento para que se acompanhasse o que se chamava o ciclo natural da doença, ou seja, sem qualquer forma de tratamento. Essa pesquisa durou mais de vinte e cinco anos. Esse grupo de presidiários negros não recebia qualquer tratamento, apesar do tratamento da penicilina ser barato e mundialmente conhecido. Por ocasião das denúncias, o argumento de defesa utilizado pelos médicos e pesquisadores envolvidos foi de que eles não tinham mais como saber a história natural da doença se não permitissem que algumas pessoas morressem naturalmente. Como aquelas pessoas eram presidiárias, essa era uma forma de elas devolverem algo de "útil" à sociedade. Por outro lado, seria ingênuo não considerarmos o fato de que eram presidiários negros, ou seja, havia claramente uma questão racial subjacente a todo o experimento.

Guardando os devidos limites e diferenças, o que sugiro é que assim como justificamos a inferioridade de ratos e gorilas a ponto de realizarmos experimentos sem sentido e mesmo cruéis em nome do avanço científico, assim os pesquisadores americanos o justificavam em nome de uma suposta inferioridade dos negros presidiários e portadores de sífilis.

Ainda para entender um pouco mais o que essa ideologia que defende a superioridade do humano em detrimento de outros animais sustenta, lembro o conceito de especismo, defendido por Peter Singer, um filósofo australiano, hoje, um dos mais importantes e controversos bioeticistas. Em linhas gerais, o que Singer sustenta é o seguinte: assim como nós temos o sexismo, que é uma ideologia que pressupõe a inferioridade das mulheres quando comparadas aos homens, assim como nós temos o racismo, que supõe a inferioridade de determinados grupos étnicos em relação aos outros, nós temos o especismo, a ideologia que sustenta a superioridade dos humanos em detrimento dos não-humanos. Ou seja, o especismo é a ideologia que vai justificar uma suposta inferioridade de não-humanos. É exatamente essa ideologia especista da ciência o que justifica experimentos cruéis com animais não-humanos, assim como ideologias sexistas ou racistas o que justifica experimentos perversos com minorias étnicas ou mulheres.

De posse desse arsenal reflexivo sobre o que constituem os direitos humanos, isto é, um conjunto de valores e crenças que suporta uma essência inalienável no humano que merece ser protegida e promovida, é que entendemos o porquê de os direitos fundamentais serem cotidianamente violados. O fato é que eles não são óbvios nem tampouco naturais. Na verdade há poucos inalienáveis e universais que unem os humanos. Consigo imaginar a necessidade de comer, por exemplo. Mas são poucos os universais. Quando nós saímos desses poucos inalienáveis e passamos para o campo da moralidade, ou seja, como saciar a fome, de que maneira as pessoas têm prazer com a comida, este já é um campo diferente da mera necessidade biológica. Não quero negar que exista uma certa natureza humana universal e comum a todos nós, o que pontuo apenas é o fato de que ela por si mesma é isenta de sentido. Da fome como um ato fisiológico para as maneiras de saciar a fome, nós passamos da biologia para a moralidade, da natureza para a cultura, do absoluto para o relativo. E lidar com o relativismo é, em certa medida, se perguntar e enfrentar as possibilidades ilimitadas da criação humana. Só que lidar com o relativismo limite que os antropólogos achavam que era possível, leva-nos para um campo movediço e impossível, onde tudo parece valer.

Nós não apenas não conseguimos viver em um mundo onde tudo vale, como não somos capazes e não queremos um mundo aberto ao nazismo, à escravidão ou à opressão. Mas como decidir sobre essa tênue fronteira entre o que é possível, digno de ser fruto da criatividade humana, e o que é indigno, devendo ser exterminado do convívio coletivo? O que é fundamental conhecer e defender no humano? O que deve merecer o título de inalienável a ponto de justificar a intervenção ou mesmo o uso da força? Descobrir o nó que fundamenta essas perguntas é, em alguma medida, desvendar o que consideramos direitos fundamentais. Em nome dos direitos fundamentais, dessa parcela inalienável e absoluta do humano, podemos intervir culturalmente. Mas que princípios justificarão essa intervenção? Em nome de que humanidade será possível traçar a linha entre o aceitável e o abominável?

Acreditou-se durante um longo período que o princípio da liberdade poderia ser esse princípio norteador. Se tivermos como exemplo a cirurgia de mutilação genital feminina, o apelo ao princípio da liberdade não nos permite avançar, pois, regra geral, a primeira que deseja ser mutilada é a própria mulher, sendo ela também quem oferece suas filhas à cirurgia. No sentido estrito da palavra, essas mulheres não são forçadas a realizar mutilação. A força cultural justifica-se, antes de tudo, pelo desejo em ser mutilada. O fato é que não é um sujeito de carne e osso quem a força a ser mutilada. Há uma inércia cultural em que o desejo individual atualiza-se. O contra-argumento a essa perspectiva autonomista dos direitos fundamentais, seja ela do ponto de vista individual ou coletivo, é aquela que aponta para o fato de que em contextos de opressão e desigualdade, tais como o que essas mulheres vítimas da cirurgia de mutilação genital vivem, não é possível falarmos em liberdade ou autonomia. Sim, não é possível falarmos em liberdade na desigualdade. Então, antes de falarmos em igualdade ou liberdade, torna-se urgente perguntarmos: a quem os padrões culturais oprimem? A quem, em uma estrutura social, não se permite a voz? Se a defesa dos direitos culturais foi o que deu dignidade à diversidade, é também a própria defesa dos direitos fundamentais individuais o que, hoje, está nos conduzindo a pensar os limites da atuação de cada cultura.

Em lugares como o Reino Unido, por exemplo, o debate sobre a mutilação genital é um problema importantíssimo, uma vez que as comunidades de imigrantes, mesmo afastadas dos países de origem, procuram manter os padrões originais, até como uma forma de manter a identidade. Imediatamente se forma uma rede de solidariedade cultural entre os imigrantes que permite a atualização de padrões culturais que, muitas vezes, são desconhecidos e, até mesmo, estranhos ao país que os recebe. Realizar a cirurgia de mutilação genital feminina em um país como o Reino Unido, ao mesmo tempo que significa o selo cultural necessário às comunidades de imigrantes, tornou-se um problema político de extrema importância. O argumento utilizado pelos defensores da autonomia cultural pauta-se exatamente no discurso dos direitos fundamentais, ou seja, o de que a sobrevivência cultural é um princípio inalienável e que o tribunal além-das-culturas não existe. Argumenta-se ainda que o direito à sobrevivência e à integridade cultural não deve estar restrito à geografia de cada cultura. Ser uma mulher etíope deve ser um direito a ser protegido, esteja ela na Inglaterra ou na China. Mas o fato é que o Estado inglês não vê o problema da mesma maneira. Há leis nacionais, culturais e políticas especialmente, que necessitam ser respeitadas, indiferente ao fato de se as pessoas que vivem sob sua guarda são ou não imigrantes. O debate sobre a diversidade cultural dentro das nações apela para o que nós poderíamos considerar como direitos. Por isso, países como a França, a Inglaterra, os Estados Unidos ou a Bélgica são nações que proíbem a mutilação em nome dos direitos humanos das meninas e das mulheres, uma vez que se considera mutilação genital um ato de violência.

Essa é a tensão essencial sobre como lidar com o tema da diversidade sem cair no tudo vale, mas ao mesmo tempo reconhecendo os limites imperialistas e autoritários de qualquer código universal e absoluto. Então surge a crítica dos antropólogos: que valores morais são esses? O fato é que reconhecemos que esse tribunal além das moralidades, esse tribunal do olho de deus não existe. Sim, ele é uma construção histórica, geográfica e cultural. Certamente, podemos apostar que o tribunal do olho de deus vai estar sempre fadado ao fracasso, pois o tribunal além das culturas está sempre fadado aos limites da cultura que os guia. Mas a força do discurso dos direitos fundamentais é exatamente essa: se não reconhecermos essa como a nossa melhor saída, o que nos resta é a aniquilação mútua.

O encontro da diversidade, necessariamente, leva ao conflito. Acreditar que nós vamos resolver as nossas diferenças pelo diálogo, pela escuta e pelo direito de fala é uma falácia. Então, mesmo sabendo que o tribunal dos direitos humanos é uma mentira, entendam o que eu estou chamando de mentira, que esse tribunal é uma construção, ele é uma construção útil, é o que vai nos dar força para dizer que A não pode aniquilar B, é o que vai nos dar força para dizer que B não pode escravizar C. Ou seja, como todas as crenças morais, a crença na dignidade do humano é uma fantasia, mas é a melhor fantasia que nós temos. Isso é uma construção, mas é a melhor construção que nós temos para a defesa do que nós consideramos como inalienável, essa lista de valores que o humano carrega, defende e promove: dignidade, liberdade, igualdade, justiça, direito das mulheres, direito de minorias. O nosso papel é exatamente discutir sobre quais sejam os itens dessa lista, melhorá-la, criticá-la, aprimorá-la.

O reconhecimento da força do discurso dos direitos fundamentais passa pela certeza da sua fraqueza. Defender direitos humanos como uma religião não levará nenhum de nós a lugar nenhum. Quando digo religião, é defendê-lo como o tribunal, que fala da natureza do humano, o que supostamente descobriu o inalienável no humano. Por esse caminho, seremos vencidos na primeira esquina. É preciso recomeçar esse processo. Reconhecer que os direitos fundamentais são uma construção moral e ética não é reconhecer sua arbitrariedade, é adotar uma perspectiva processual. O senso de mudança é essencial para a luta política em torno dos direitos fundamentais. As mulheres não estavam incluídas na carta de direitos humanos. A questão da violência não estava originalmente considerada. A vulnerabilidade de determinados grupos sociais a se considerar que eles são alvos mais fáceis da infração, do desrespeito aos direitos humanos, não estava. A carta foi criada dentro de um contexto muito claro do pós-guerra que era das atrocidades dos nazistas, do desrespeito dos que não eram democratas.

VIOLÊNCIA E OS DIREITOS HUMANOS DAS MULHERES – A RUPTURA DOS ANOS 90

Sônia Corrêa
(Antropóloga, coordenadora da Iniciativa Gênero do Instituto Brasileiro de Análises Sociais e Econômicas – IBASE)

Neste início de milênio, reconhece-se que a prevenção e erradicação da violência contra a mulher é um elemento fundamental do desenvolvimento humano. Os custos econômicos da violência têm sido estimados e ganham densidade as propostas de abordar a violência doméstica e sexual como uma questão de saúde pública. Todas essas iniciativas são bem-vindas e legítimas pois todas as instituições públicas e privadas estão, hoje, desafiadas a prevenir e coibir a violência de gênero. Senão por outra razão porque, como bem afirma o editorial da Folha de S. Paulo (10/06/2001), a violência contra as mulheres é como um resíduo renitente da Idade da Pedra.

Mas embora sejam muitas as portas de entrada para lidar com o problema, é também vital situar a violência de gênero no marco dos direitos humanos universais, pois a legitimação do tema nesta agenda é um signo poderoso da ruptura que experimentamos em relação aos direitos humanos das mulheres nas últimas décadas do século XX. Gostaria de ilustrar a profundidade e natureza desta ruptura a partir de um outro tema da agenda feminista: as prerrogativas das mulheres nas esferas da sexualidade e reprodução.

Entre o final da década de 70 e os meados da década de 80 inventou-se, no feminismo, o conceito de direitos reprodutivos. Esta formulação teve no Brasil uma ressonância quase imediata. Nos momentos iniciais da redemocratização, em que a agenda dos direitos da cidadania tomava forma, direitos reprodutivos se tornaram um instrumento poderoso para argumentar em favor da autodeterminação das mulheres num terreno da vida que, no senso comum, continuava sendo percebido e tratado como pré-jurídico (ou se quisermos, ainda, imersos na ordem da natureza). Não podíamos imaginar em 1984 que, dez anos mais tarde, seria estabelecido um consenso internacional sobre o que são direitos reprodutivos e também quanto aos elementos constitutivos dos direitos sexuais das mulheres. Entretanto isto, de fato, aconteceu na Conferência Internacional de População e Desenvolvimento (Cairo, 1994) e na IV Conferência Mundial sobre a Mulher (Pequim, 1995).

Muito embora os programas de ação das duas conferências não sejam documentos vinculantes, como são os tratados ou convenções, estas definições constituem uma referência ética normativa global. Os Estados que assinam os programas de ação, sem reservas, têm uma obrigação moral de incorporar estas novas definições e terminologias em sua agenda de políticas públicas. Esta legitimação, também, cria um novo vocabulário que incorporado ao cotidiano contribui para transformar representações e práticas.

Devo dizer que foi neste percurso que eu mesma aprendi sobre a relevância do debate internacional sobre os direitos humanos como referência para a construção de novos contratos sociais inclusivos e não discriminatórios. E, sobretudo, sobre os muitos significados de ruptura que estão implícitos na afirmação dos direitos humanos das mulheres em todas as esferas da vida. Um primeiro significado, por exemplo, é que afirmar estes direitos não era simplesmente uma "modernização", como pode parecer à primeira vista.

Ao falar de direitos humanos das mulheres nas últimas décadas do século XX, as feministas, de fato, incidiam sobre a própria tradição moderna do direito. Isto porque, desde o século 18, a esfera privada havia sido sistematicamente excluída da racionalidade prática do direito como campo legítimo de afirmação de prerrogativas individuais de dignidade, segurança pessoal e proteção contra o abuso. Isto faz com que seja sempre instigante retornar aos mestres iluministas do direito moderno como Rousseau e Kant, em menor medida Locke, e constatar a ginástica intelectual que estes filósofos desenvolveram para reificar, persistentemente, a natureza radicalmente diferente das mulheres. Nos seus discursos, a natureza feminina "diferente" é utilizada como justificativa para excluir as mulheres do princípio fundante da igualdade que, como se sabe, se baseia na razão como um atributo comum a toda humanidade. Deve-se dizer inclusive que esta análise já não é, hoje, exclusiva das teorias feministas. Boaventura dos Santos, por exemplo, afirma que o patriarcado pode ser lido como a presença do estado de natureza que permaneceu oculto no contrato social moderno. Dito de outro modo, afirmar os direitos humanos das mulheres é, num certo sentido, "completar" a agenda da modernidade.

De outro lado, na passagem para o terceiro milênio, esta afirmação significa também reconhecer que a ruptura que se experimentou na década de

90 – embora expressando as condições do nosso tempo – havia sido precedida de uma longa história de embates entre as mulheres e os sistemas jurídicos e normativos modernos. Não é possível no contexto desta apresentação explorar esta trajectória em profundidade. Mas é importante pontuar alguns de seus momentos, especialmente aqueles que, de algum modo, criaram as condições para o salto que teve lugar nas últimas duas décadas.

É preciso referir-se, inicialmente, às pioneiras do mesmo século 18, como Olympe de Gouges e Mary Wollstonescraft. A primeira, guilhotinada pelo Terror em 1791, havia publicado no calor da revolução uma Declaração dos Direitos das Mulheres como contraponto da Declaração dos Direitos dos Homens (que as excluía). Mary Wollestonescraft também escreveu um dos primeiros libelos feministas modernos – a Reivindicação pelos Direitos das Mulheres (1792) – em que critica abertamente as concepções de Rousseau sobre o eterno feminino. A epígrafe do livro continua válida duzentos anos mais tarde: " *nem escravas nem tiranas, somos cidadãs*". É preciso ainda contabilizar, ao longo do século 19, o campo socialista e comunista, que fundamentou a premissa dos direitos das mulheres como trabalhadoras, assim como as lutas sufragistas que assegurariam no século XX o direito das mulheres ao voto.

Esses debates se desenrolaram predominantemente em contextos nacionais. Mas também cruzariam fronteiras acompanhando as migrações e várias vagas do internacionalismo socialista e comunista. No pós-guerra, as premissas da igualdade entre os sexos circulavam em muitos lugares do planeta. Esta difusão criou as condições para que elas fossem incorporadas aos primeiros instrumentos internacionais de direitos humanos que foram a Declaração Universal de 1948 e a Declaração Interamericana dos Direitos e Deveres do Homem.

A Declaração Universal dos Direitos Humanos de 1948 preconiza explicitamente a igualdade entre os sexos, a igualdade de tratamento perante a lei, o direito à privacidade. Também condena a discriminação por razões de sexo, o tratamento cruel, inumano e degradante. Formulações do mesmo teor estão inscritas na Declaração Americana dos Direitos e Deveres do Homem (em que pese o androcentrismo do título) adotada na mesma época mas que, contudo, não inclui um artigo relativo a tratamento desumano e cruel.

É preciso sublinhar que estas formulações não são apenas um produto magistral de juristas iluminados. Elas foram, sobretudo, resultado da pressão e incidência das próprias mulheres nos processos de elaboração destes documentos que permanecem como referenciais dos sistemas universal e interamericano de direitos humanos. No caso da Declaração Universal é fundamental contabilizar, por exemplo, as vozes das mulheres européias e norte-americanas. Além de uma larga tradição de debates sobre seus direitos, nos EUA e Europa, as mulheres haviam sustentado a economia de seus países durante a II Guerra e já eram atrizes na cena política. Não é trivial, por exemplo, o papel desempenhado por Elanor Roosevelt na constituição do sistema ONU e, mais especialmente, nas negociações da Declaração Universal dos Direitos Humanos. No caso das definições do sistema interamericano, sem dúvida, tiveram também impacto os debates nacionais sobre direito à educação e ao voto que haviam se ampliado muito, em vários países da América Latina, nas décadas de 1920 e 1930.

Os princípios de igualdade entre os sexos adotados pelas duas declarações seriam retomados e ampliados em documentos e instrumentos subseqüentes, sendo que quatro entre eles são especialmente relevantes: a Convenção Interamericana de Direitos Humanos, a Convenção Internacional de Direitos Civis e Políticos, a Convenção Internacional de Direitos Econômicos, Sociais e Culturais (todas adotadas nos anos 60) e, mais especialmente, a Convenção pela Eliminação de todas as formas de Discriminação contra as Mulheres adotada em 1979.

Teoricamente, a aplicação articulada dos vários princípios firmados ao final da década de 40 teria garantido às mulheres a defesa de seus direitos e prerrogativas, quer na esfera pública, quer na esfera privada. Entretanto, não foi isto que aconteceu. E é importante examinar as razões que explicam esta "falência" dos instrumentos internacionais disponíveis, no que diz respeito aos direitos das mulheres, entre o final da década de 40 e os anos 90. A primeira delas é que, ao longo dessas quatro décadas, o debate sobre direitos humanos foi capturado – melhor seria dizer, talvez, paralisado – pela lógica da bipolaridade global. Isto se expressava na controvérsia entre a primazia dos direitos civis e políticos – defendida pelo mundo capitalista – e a primazia dos direitos econômicos, sociais e culturais preconizada pelo mundo socialista. Esta tensão fez com que a primeira Conferência Internacional de Direitos Humanos (Teerã, 1968) terminasse num impasse e o debate só seria retomado no âmbito das Nações Unidas 25 anos mais tarde, ou seja, quando os muros entre o Leste e o Oeste já haviam desaparecido.

Além da tensão derivada da ordem global, uma parcela importante dos países membros da ONU, em particular do mundo em desenvolvimento, esteve, no período entre a II Guerra e os anos 90, sob o jugo de regimes autoritários, ou transitando constantemente entre o autoritarismo e a democracia. Finalmente, é preciso dizer que a existência de definições normativas internacionais não é nunca suficiente para vencer as resistências dos sistemas jurídicos nacionais e das culturas. Tais resistências só começariam a ser superadas, paulatinamente, entre os anos 70 e 90 quando, uma vez mais, as mulheres criaram nas suas sociedades uma atmosfera receptiva aos direitos humanos das mulheres e gradativamente se apropriaram dos instrumentos internacionais para garantir esses direitos nos contextos que lhe eram mais adversos.

Como veremos a seguir, estas resistências não foram inteiramente eliminadas. Mas, a revolução silenciosa das mulheres teve um impacto definitivo sobre o debate e os instrumentos internacionais de direitos humanos na Conferência de Direitos Humanos de Viena, em 1993. Naquele momento, registra-se uma conjunção entre as novas condições políticas globais – o fim da bipolaridade – e a maturação intelectual das propostas de revisão e aprimoramento dos sistemas internacionais de direitos humanos. Em Viena, supera-se a dicotomia entre Direitos Civis e Políticos e Direitos Econômicos, Sociais e Culturais, adotando-se a premissa de indivisibilidade e universalidade dos direitos humanos. E, pela primeira vez, reconhece-se que as ameaças à vida e o tratamento cruel e desumano que ocorrem na esfera privada, inclusive o estupro, devem ser considerados abusos contra os direitos humanos.

Ou seja, a partir de Viena abandona-se a formulação clássica de que apenas os Estados perpetram abusos contra os direitos humanos para reconhecer-se que estes crimes são, também, perpetrados por agentes privados, inclusive maridos e companheiros. Desde então, ocorreram pelo menos quatro desdobramentos fundamentais para balizar as iniciativas de prevenção e erradicação da violência de gênero:

- A adoção da Convenção Interarmericana para Erradicação da Violência contra as Mulheres, em Belém do Pará, em 1994. Trata-se do único instrumento internacional de direitos humanos que trata especificamente da violência de gênero;

- As definições da IV Conferência Mundial sobre a Mulher (Pequim, 1995) em relação a direitos reprodutivos e sexuais, violência e direitos humanos e recomendações adotadas no ano 2000, na revisão Pequim+5, que reconhecem a figura dos crimes de honra e urgem os Estados a adotarem sistemas de administração da justiça sensíveis ao gênero;

- As definições adotadas pelo documento de criação do Tribunal Penal Internacional que considera o estupro sistemático, a prostituição, esterilização e aborto forçados como crimes contra humanidade.

- A adoção, em 1999, do Protocolo Facultativo da CEDAW (Convenção contra todas as Formas de Discriminação contra as Mulheres) que foi assinado pelo Brasil em março de 2001 e que facilita os mecanismos de acesso à Convenção, inclusive autorizando, pela primeira vez, reclamações coletivas.

Ou seja, em menos de dez anos, a produção no campo dos direitos humanos das mulheres foi mais intensa que nos duzentos anos anteriores. Mas isto não significa que as resistências estejam superadas. Por exemplo, em Pequim, em 1995, a negociação do texto de declaração ficou paralisada toda uma semana, entre outras razões porque algumas delegações, e em especial a do Vaticano, não aceitavam a terminologia direitos humanos das mulheres consagrada dois anos antes em Viena. Se, no século 18, justificava-se a desigualdade com base na diferença ontológica do corpo das mulheres, em Pequim, o argumento utilizado era a diferença entre as culturas.

Hoje, embora a Plataforma de Ação de Pequim seja um documento amplamente conhecido e legitimado, a batalha não se encerrou. Em 2000, no processo de revisão conhecido como Pequim +5, alguns países e o Vaticano usaram de todas as estratégias possíveis, até os últimos momentos da negociação, para abolir do documento final a definição de direitos humanos das mulheres no campo da sexualidade, tal como havia sido adotada em Pequim. Deve-se dizer ainda que as resistências em relação aos direitos humanos das mulheres não se situam exclusivamente no campo do conservadorismo religioso e moral do catolicismo e do islamismo. Freqüentemente, o debate sobre igualdade se vê capturado por lógicas macropolíticas. Isto pode ser exemplificado pelas reservas dos Estados Unidos em relação ao Tribunal Penal Internacional que se devem, entre outras razões, a que os EUA não admitem que seus soldados – inclusive quando estupram – sejam julgados pelas cortes de outros países.

Além das resistências políticas e culturais, há limites importantes no que se refere à implementação dos instrumentos internacionais de direitos humanos. O recurso a convenções e tratados para coibir e punir abusos de direitos humanos das mulheres é ainda um processo eivado de complexidades técnicas e muito lento. Sobretudo, são enormes as dificuldades quando se trata de aplicar as normas internacionais a agentes privados que perpetram abusos. Na outra face desta mesma moeda, estão as contradições e disjunções entre os instrumentos internacionais – e sua lógica de aplicação – e os sistemas jurídicos nacionais. Esta disfunção ocorre mesmo nos casos em que os países ratificaram convenções e tratados. A compatibilização entre normas internacionais de direitos humanos e legislações nacionais é uma tarefa árdua que mal se iniciou na maioria dos países em desenvolvimento. Neste sentido é muito positiva a proposta da última Conferência Nacional de Direitos Humanos de criação de um sistema nacional de direitos humanos. Contudo, para que estes instrumentos e mecanismos sejam efetivos e favoráveis aos direitos humanos das mulheres, é fundamental que sejam apropriados pelas próprias mulheres e transformados numa plataforma cotidiana para a defesa de suas prerrogativas.

A despeito destas dificuldades é preciso dizer que, entre as muitas definições adotadas na década de 90 em relação aos direitos humanos das mulheres, a violência é área em relação à qual é mais amplo e profundo o consenso internacional. Ainda persistem, no âmbito das Nações Unidas e nos planos nacionais, controvérsias em relação à igualdade entre os gêneros e, mais especialmente, em relação aos direitos sexuais e reprodutivos. Mas ninguém ousa afirmar, hoje, que violência contra as mulheres é natural ou justificável. Adicionalmente, a violência de gênero é o abuso de direitos humanos das mulheres em relação ao qual se conta com um maior número de instrumentos vinculantes, inclusive a Convenção de Belém do Pará como instrumento fundamental para os países latino-americanos.

Por outro lado, há alguns aspectos relacionados à nova visibilidade e legitimidade da agenda global para erradicação da violência de gênero em relação aos quais é preciso levantar interrogações. O primeiro deles é que, após Pequim, se deu um deslocamento semântico nos discursos institucionais (dos Estados e organismos internacionais) que passaram a enfatizar a violência intrafamiliar ou doméstica. Esta estratégia tem como objetivo legitimar a agenda da violência frente a setores que vêem com reservas a individuação das mulheres no mundo familiar. Ela pode ser efetiva em termos de ampliar o número de atores envolvidos no debate mas torna indistinta a dimensão de gênero do fenômeno.

Um segundo aspecto é que o grande consenso e à ênfase dos discursos e dos próprios sistemas de direitos humanos em relação à violência tende a cristalizar um imaginário de vitimização das mulheres. A insistência retórica na "mulher vítima" enfraquece uma dimensão fundamental dos direitos humanos que é de criar um ambiente favorável ao agenciamento individual das mulheres. Dito de outro modo, ao privilegiar a vitimização, esvazia-se o potencial de empoderamento implícito na idéia mesma de direitos. É preciso dizer ainda que – embora tenhamos avançado muito no plano normativo e do debate público – é tarefa árdua e cotidiana dar significado e proporção à violência de gênero em contextos em que se aprofunda a violência estrutural, como no caso brasileiro. Um exemplo disto foi o brutal assassinato de Márcia

Lira, no dia 26 de abril de 2001, no bairro de Santa Tereza, predominantemente interpretado no debate público como sintoma do agravamento da violência geral na cidade do Rio de Janeiro e não como o crime sexual que, de fato, foi.

Finalmente, uma nota de cautela em relação às novas estratégias adotadas para ampliar o debate e facilitar o acesso das mulheres a políticas de prevenção e apoio com a articulação entre violência e saúde pública. Embora muito positivas estas iniciativas, elas podem, no médio prazo, esvaziar o fundamento de garantia de segurança pessoal e integridade física que é o que inscreve a violência de gênero no marco dos direitos humanos de terceira geração. A violência contra mulheres e meninas é, sem dúvida, um problema social e de saúde pública. Contudo a possibilidade de viver uma vida sem medo de violência física e sexual – quer seja na esfera privada, quer seja na esfera pública – é uma prerrogativa inegociável da condição de pessoa, é pré-requisito do "direito a ter direitos".

"IR À JUSTIÇA": OS DIREITOS ENTRE OS TRABALHADORES RURAIS

Lygia Sigaud

(Antropóloga, professora do Museu Nacional/UFRJ)

Primeiramente, eu queria agradecer à Regina e à Ludmila pelo convite. Regina me pediu que falasse de um trabalho que desenvolvi em Pernambuco sobre o tema do direito e da justiça. Pois bem, dentro deste tema gostaria de conversar com vocês sobre o ato de ir à justiça.

Para o senso comum, as pessoas vão à justiça porque tiveram os seus direitos violados. Essa é a visão espontânea que se tem em relação à ida à justiça: as pessoas recorrem aos tribunais, fazem denúncias, etc. porque os seus direitos foram violados. Quando as pessoas não recorrem à justiça, é porque elas ignoram os seus direitos, ou porque não têm acesso à justiça. O problema residiria então em conscientizar as pessoas a respeito de seus direitos e/ou facilitar o acesso à justiça, aumentando o número de tribunais e delegacias, onde as pessoas poderiam apresentar suas queixas.

Meu objetivo nessa apresentação será mostrar que as razões que motivam as pessoas a irem à justiça e a reclamar os seus direitos são mais complicadas do que se supõe. E para desenvolver meus argumentos vou me basear em pesquisa realizada nas décadas de 1980 e 1990 na zona canavieira de Pernambuco, que foi, seguramente, uma das regiões rurais do país onde as pessoas iam com mais freqüência reclamar da violação dos seus direitos, mais precisamente dos direitos trabalhistas. É a partir desse caso que eu vou apresentar algumas interpretações a respeito do ato de ir à justiça, que possam ser úteis para pensar outros casos. Vou tentar colocar em relevo a complexidade do ato de ir à justiça e demonstrar que este ato não depende apenas de uma consciência em relação aos direitos, nem do acesso à justiça. Ao fazer isso, espero fornecer alguns instrumentos que permitam pensar outras situações mais próximas de vocês, que digam respeito, por exemplo, aos direitos humanos, à violência contra a mulher, etc.

Começarei falando um pouco sobre a área que eu estudei. A minha referência empírica não é o Rio de Janeiro. É uma área bastante distante e diferente daqui. Na primeira parte desta apresentação, vou caracterizar essa área. Em seguida, vou procurar mostrar para vocês por que para essa área abordar o tema da justiça é relevante. Depois descreverei a pesquisa: em que consistiu, quais foram as principais conclusões e o desdobramento em uma segunda etapa. A primeira parte da pesquisa, desenvolvida nos anos 80, foi uma pesquisa geral. Na segunda parte, nos anos 90, eu mudei a escala de análise, e os fenômenos começaram a aparecer de outra forma.

A zona canavieira está situada no que se chama de mata pernambucana, na faixa litorânea do Estado. Trata-se de uma zona de colonização antiga: no século XVI, os portugueses ali implantaram a agricultura da cana e começaram a produzir o açúcar para o mercado europeu. A agroindústria açucareira tornou-se a atividade econômica mais importante daquela região do Nordeste e perdura até os nossos dias.

Até fins do século XIX, a agricultura da cana contou com o braço escravo. Após a abolição da escravatura, o trabalho passou a ser realizado pelos descendentes de escravos, que ali moravam. Esses trabalhadores viviam imobilizados dentro dos engenhos, como são localmente denominadas as unidades de produção. As relações com os patrões eram reguladas na forma tradicional, no sentido weberiano do termo, isto é, por normas costumeiras que não contavam com a garantia do Estado para que fossem cumpridas. Esta situação perdurou até mais ou menos meados do século XX. Os trabalhadores trocavam o seu trabalho por uma remuneração pelo serviço feito, pela casa para morar e pelo acesso à terra para plantar lavoura de subsistência. Em meados dos anos 50, esse modo de vida começa a desmoronar.

Graças a novas oportunidades para o açúcar brasileiro no mercado internacional, os patrões começam a mudar as regras do jogo na sua relação com os trabalhadores, visando a aumentar a produção e a produtividade. Assim, começaram a tomar as terras onde os trabalhadores plantavam e passaram a exigir que trabalhassem mais para receber a mesma remuneração. Esta inflexão no comportamento dos patrões criou condições favoráveis para a eclosão de um movimento social na mata pernambucana. Em meados dos anos 50, surgem então as Ligas Camponesas. De início visavam apenas a recuperar vantagens que haviam sido suprimidas pelos patrões. Enquanto isto ocorria em Pernambuco, começavam a surgir sinais de mobilização de trabalhadores do campo no resto do país. No Sul, no Sudeste – São Paulo, Paraná e Estado do Rio – em Goiás e também no Nordeste, os trabalhadores passam a reivindicar uma legislação trabalhista para o campo e uma reforma agrária. Até então, não havia direitos trabalhistas para os trabalhadores do campo, as relações entre patrões e trabalhadores não eram, como já assinalei no caso de Pernambuco, reguladas pelo Estado. A mobilização dos trabalhadores em diversas partes do país contribuiu para que, em 1963, o Congresso Nacional votasse o Estatuto do Trabalhador Rural – ETR. A lei estabelecia a extensão aos trabalhadores do campo dos direitos trabalhistas que já haviam sido outorgados aos trabalhadores urbanos desde a década de 40.

Quando a lei foi aprovada, a situação era de efervescência social na mata pernambucana. Havia não apenas as Ligas Camponesas, criadas nos anos 50, como os Sindicatos de Trabalhadores Rurais, constituídos a partir do início dos anos 60 por militantes da Igreja Católica e do Partido Comunista. O respeito ao Estatuto tornou-se logo um objeto de luta. Ainda no ano de 1963, ocorrem manifestações e greves massivas exigindo o cumprimento da legislação trabalhista. Uma tal mobilização ocorria apenas no Estado de Pernambuco e certamente graças a uma conjugação de condições favoráveis, como a organização prévia dos trabalhadores e a ampla liberdade de manifestação assegurada por Miguel Arraes, recém-chegado ao Governo estadual com o apoio de uma correlação de forças progressistas. O que se passou então em Pernambuco permite compreender um ponto importante em relação à Justiça: o direito em si não produz efeitos. Para que isto ocorra é preciso que outras condições sociais estejam reunidas. Em 1964, há o golpe militar. As manifestações e as greves são proibidas. Lideranças das Ligas Camponesas e sindicalistas ligados aos comunistas e a outros grupos de esquerda (como os trotskistas) são afastados das organizações dos trabalhadores. Muitos são presos, torturados e mortos. Só permanecem à frente dos sindicatos as lideranças vinculadas à Igreja Católica. Graças à intervenção da Igreja junto aos militares, os sindicatos continuam a funcionar. Os sindicalistas, no entanto, não podem mais recorrer às grandes mobilizações dos trabalhadores para exigir o respeito ao direito. É neste contexto então que reorientam sua ação no sentido da cobrança jurídica dos direitos trabalhistas. Os militares não haviam tocado no Estatuto do Trabalhador Rural nem nos tribunais do trabalho. O que foi alterado foram as condições de reivindicar o respeito ao direito. Para se adaptarem à nova conjuntura, os sindicalistas contaram com a ajuda do antigo INCRA, que era o IBRA, Instituto Brasileiro de Reforma Agrária, fundado em 1964. O IBRA fez um convênio com a Federação dos Trabalhadores da Agricultura de Pernambuco – Fetape – que congregava os sindicatos do Estado. Graças a esse acordo e aos recursos obtidos por esta via, a Fetape contratou advogados para atuarem nos sindicatos da zona canavieira.

Esses advogados e os sindicalistas iriam então montar no interior dos sindicatos a infra-estrutura necessária para que os trabalhadores tivessem acesso à justiça. Nos anos 70, pode-se dizer que a atuação sindical estava centrada na cobrança jurídica dos direitos trabalhistas. Quando o trabalhador chegava ao sindicato com uma queixa contra o patrão, ele era encaminhado ao advogado que fazia a petição com suas reclamações. O sindicato se encarregava de encaminhar a petição à Junta de Conciliação e Julgamento mais próxima e assim iniciava-se a ação trabalhista, a cobrança jurídica.

No final dos anos 60 e início dos anos 70, uma equipe de pesquisadores do Museu Nacional, eu inclusive, começou a trabalhar nessa área. Quando nós chegamos na zona da mata de Pernambuco, em 1969, uma coisa que nos chamou a atenção foi a importância dos direitos entre os trabalhadores. Os direitos designavam para eles as novas obrigações patronais instituídas pelo ETR, como salário mínimo, férias, décimo-terceiro salário, repouso remunerado, etc. Tratava-se de um tema recorrente nas conversas: os trabalhadores falavam de seus direitos, sabiam quais eram e queixavam-se dos patrões que não os cumpriam. Se considerarmos que os direitos haviam sido estendidos aos trabalhadores em 1963, uma tal familiaridade já em fins dos anos 60 é um fato notável. Nos trabalhos que escrevi na época, procurei registrar este fato e sobretudo colocar em relevo a importância dos direitos na mata pernambucana. Não os tomei, no entanto, como foco de análise.

Observa-se assim que, no período entre 1963 e 1970, os trabalhadores já estavam "conscientizados", no sentido de que eles já sabiam quais eram os seus direitos. Uma pergunta se impõe: como é que eles conheceram os seus direitos tão rapidamente? A questão é pertinente pois o mesmo fenômeno não ocorria no restante do país. Nos demais Estados da federação, os trabalhadores do campo sequer sabiam da existência dos seus direitos. Se em Pernambuco eles sabiam, isso se deve não ao direito em si, mas a todo um trabalho feito pelos mediadores, no sentido de transformar os direitos numa realidade. Esses mediadores foram primeiramente os líderes das Ligas Camponesas, os padres e os comunistas, e, num segundo momento, os dirigentes sindicais e os advogados. Além disso, é preciso compreender que o golpe militar foi dado em nome da legalidade. João Goulart foi deposto sob o pretexto de que ele estava querendo implantar o comunismo no Brasil. Os militares não podiam ir contra os tribunais, contra a legalidade. Isso num certo sentido foi uma faca de dois gumes, pois favoreceu um trabalho pedagógico que foi exercido pelos dirigentes sindicais, a partir de 1964, junto aos trabalhadores no sentido de ensinar os direitos. Assim, o direito trabalhista se tornou objeto de um trabalho quase que de catequese dos dirigentes sindicais.

Muitos desses dirigentes que estavam lá tinham participado das lutas anteriores. Essa era a única coisa que eles podiam fazer naquele momento. Era a única coisa autorizada. Eles não podiam ir para a rua fazer greve, fazer manifestação.

Poderíamos dizer que toda a década de 70 foi marcada por essa cobrança jurídica de direitos. No final da década, houve uma conjuntura mais ampla de liberação democrática, no bojo das greves do ABC, as greves dos metalúrgicos, durante as quais surgiram o Lula, o PT, a CUT, etc. Na rasteira disso, em Pernambuco, aconteceram as primeiras greves na área rural do país. Nessas greves, o que estava em jogo era aumento salarial e a introdução de novos direitos além daqueles que eles já tinham graças ao ETR. Os trabalhadores reivindicavam a juridicização de algumas obrigações tradicionais que os patrões haviam deixado de cumprir com a chegada dos direitos, como, por exemplo, o acesso à terra, o direito à viúva ficar morando na casa que o patrão tinha dado e uma série de outras coisas do tempo antigo, que os trabalhadores, através das greves, quiseram transformar em direitos trabalhistas como o eram as férias e o décimo-terceiro.

Os anos 80 foram marcados por uma sucessão anual de greves que visavam ao estabelecimento de contratos coletivos de trabalho. Os contratos duravam um ano. Ao final deste prazo, eles precisavam ser renovados e, para serem renovados, era necessário que houvesse pressão por parte dos trabalhadores. As greves se inscreviam nesta lógica. Houve, então, uma explosão de processos na justiça para cobrar os direitos adquiridos com as greves. Foi nesse contexto que comecei a me interessar pelo ato de ir à Justiça. Os fatos eram expressivos, a ordem de grandeza extraordinária, pois que milhares de trabalhadores estavam encaminhando petições às Juntas. A partir disso resolvi fazer um censo para mapear um pouco o que estava acontecendo. Fiz o levantamento com a preocupação de tentar verificar como as greves estavam provocando o que me parecia uma explosão de processos na justiça.

O recenseamento contemplou o período de 1978 a 1984. A primeira greve foi em 79, e a explosão de processos se dá mais ou menos em 1980. Em relação ao ano de 1978, os processos a partir de 1979 aumentam como numa progressão geométrica. A coleta de dados foi feita em 24 municípios, ou seja, na metade do universo constituído por 48 municípios da zona canavieira de Pernambuco. Foram recenseados dez mil processos, envolvendo 30 mil trabalhadores (muitos processos envolvem mais de um trabalhador) e contendo 90 mil reclamações de violações dos direitos do trabalho.

De início, eu só queria fazer um levantamento para verificar o que estava ocorrendo. Foi no processo de realização da pesquisa que me dei conta da complexidade do problema. A pergunta que me colocava naquele momento era: por que aquelas pessoas estavam indo à justiça? Será que é porque os patrões começaram a desrespeitar mais os direitos trabalhistas? Se eu fosse me deixar levar pelo senso comum, ia dizer que eles se tornaram conscientes. Mas logo perceberia que a consciência do direito não explica processo na justiça. Quando eu comecei a examinar os processos, havia processos com direitos violados há mais de 10 anos. Por que, de repente, esse trabalhador está indo à justiça reclamar o seu direito? Não era por causa de demissão. Desse total, só 6% correspondiam a processos encaminhados por causa de demissão.

A partir disso comecei a olhar de outra forma o material e a procurar estabelecer outras relações entre fatos. O censo foi feito da seguinte forma: elaborei uma ficha, uma espécie de formulário para por meio dela interrogar o processo. Na ficha registrava o nome do trabalhador, o que ele reclamava, o lugar onde ele morava, etc. e no verso daquela ficha eu anotava a historinha do processo. Porque a petição que é encaminhada à justiça do trabalho é composta por: nome, número da carteira de trabalho, endereço, nome da empresa e, depois disso, uma pequena historinha. Na terceira parte, vem a parte jurídica, "isso posto reclama: férias desde mil novecentos e tal", e aí vinha toda a parte jurídica, que interessa ao juiz. Mas para mim o que interessava era a história. Então, na ficha a gente colocava todos os direitos violados, os direitos trabalhistas e os direitos adquiridos com a greve...

Reagrupando o material com o auxílio do computador, comecei a perceber o seguinte: havia uma distribuição desigual dos processos. Uma distribuição desigual no sentido de que havia uma maior concentração de processos em determinados municípios. Como conhecia bem a área, percebi uma correlação entre o número mais elevado de processos e o engajamento dos dirigentes sindicais, ou seja, os dirigentes sindicais mais aguerridos encaminhavam maior número de processos à justiça. Havia uma coincidência entre a luta jurídica e o engajamento sindical.

Neste ponto, eu já comecei a encontrar princípios de explicação. Onde havia o envolvimento sindical, havia uma maior cobrança na justiça. Isso acontecia porque, tradicionalmente, nos anos 70, ir à justiça, cobrar direitos era um sinal de ser bom sindicalista. Naquela área, o bom sindicalista era aquele que ia à justiça. Então, aqueles dirigentes que queriam ser bem-vistos pelos seus colegas incentivavam os trabalhadores a irem à justiça. O censo me fez perceber que havia uma correlação entre o investimento sindical e a ida à justiça.

Por outro lado, examinando a historinha que vinha nos processos, eu comecei a perceber que a ida à justiça estava correlacionada a uma ruptura que não tinha, necessariamente, a ver com a violação dos direitos. Isso porque nenhum contrato de trabalho consiste num respeito estrito à legislação trabalhista. Todo contrato é um acordo implícito entre as partes, ou seja, nem tudo está escrito, mas todo mundo sabe que as regras são aquelas. Na zona da mata de Pernambuco não é diferente, e em cada engenho há um acordo implícito que compreende o respeito a alguns itens da legislação trabalhista e a outros itens que se podem chamar de "costumeiros" ou tradicionais. O contrato de trabalho consiste então nessa combinação. A ida à justiça está ligada a uma ruptura deste contrato. Digamos que em um contrato, num determinado engenho, não se pagassem férias. "Estamos acertados que não se pagam férias, mas todo mundo tem direito a um pedaço de terra para plantar". Um belo dia o patrão diz: "tá tudo certo, mas o João não vai mais ter terra para plantar." O João então vai à justiça e cobra as férias que nunca recebeu. Ele não vai à justiça porque ele não recebe férias. Ele vai porque não pode mais plantar.

Quando João chega no sindicato, entre ele e a justiça existe a mediação de um advogado. Essa mediação é fundamental. O advogado intervém e faz um verdadeiro interrogatório. É ele que apura a violação do direito trabalhista e coloca na petição. Há uma tolerância muito grande do trabalhador em relação aos direitos trabalhistas desde que essa violação se inscreva num acordo tácito. Mas a partir do momento que este acordo tácito é rompido, a tolerância se acaba. É nesse momento que trabalhador procura a justiça. Ou seja, não há da parte do trabalhador ignorância em relação aos seus direitos. Ele os conhece mas não é interessante para ele sair cobrando o que patrão não lhe paga. Ele está satisfeito porque tem outras vantagens. Nem tudo na vida é direito. Há outras coisas que são tão importantes ou mais importantes que o direito. Tudo isto no âmbito de um acordo tácito. Rompido o acordo, rompe-se o equilíbrio. É isso que desencadeia o ir à justiça. O advogado tem um papel muito importante nessa história toda porque ele vai fazer a metamorfose entre o desagrado do trabalhador e aquilo que vai ao tribunal. Ele dá forma jurídica, e, ao dá-la, prepara uma verdadeira fatura da violação de todos os direitos trabalhistas. Por isso, a existência de mais de 90 mil violações é um fato totalmente compreensível. Se elas existem ou não, não cabe ao pesquisador opinar. Isso é problema do juiz, do advogado, do tribunal. Os trabalhadores reclamam e muitas vezes os patrões não têm como provar que eles estão cumprindo a legislação. Daí que sejam obrigados a pagar uma fábula para o trabalhador.

Nessa primeira fase da pesquisa, percebi que a ida à justiça para regular a relação com o patrão ocorria dessa forma. O trabalhador ia à justiça para regular uma insatisfação que não tem nada a ver com a consciência do direito. A gente sabe também que para que a insatisfação do trabalhador chegue até o tribunal, ela passa por um dirigente sindical empenhado. O trabalhador que mora num município onde o dirigente sindical não se importa com suas insatisfações não vai conseguir chegar à justiça. Se o conseguir não vai ser apoiado como nos outros sindicatos e suas chances de perder o processo porque não soube responder ao juiz, por exemplo, são elevadas.

A partir disso, comecei a formular a seguinte questão: se os trabalhadores vão mais à justiça onde os dirigentes sindicais são mais empenhados, como explicar que nos lugares onde os dirigentes sindicais são muito empenhados haja trabalhadores que nunca vão à justiça? Para responder essa questão resolvi mudar de escala de análise e fazer a investigação em um município que no ranking da minha pesquisa era o terceiro colocado em número de processos, onde tinha havido greves massivas e um dirigente sindical nota dez. Para preservar a identidade dos informantes não nomearei o município. Direi apenas que está situado na mata sul e o chamarei de Flor de Maria, como já o fiz em um texto publicado na revista Estudos Históricos, número 18.

Em Flor de Maria, trabalhei sobre as cópias das petições que ficam arquivadas no Sindicato dos Trabalhadores Rurais. Fiz um mapa de todas as petições, uma espécie de geografia dos processos. Vi que também ali havia uma distribuição desigual de processos, por engenho. Havia engenhos que concentravam processos e havia engenhos que não tinham nenhum processo. Então escolhi dois engenhos, um onde 90% dos trabalhadores tinham aberto processo contra o patrão e outro onde nenhum trabalhador havia aberto processo. O primeiro era um engenho que tinha uma população de umas 700 pessoas, das quais 100 eram trabalhadores contratados pela empresa. O outro tinha aproximadamente as mesmas dimensões, a mesma área e uma população de 500 pessoas, com uns 90 trabalhadores contratados. Procurei então saber, perguntando aos dirigentes sindicais, o porquê da diferença entre os engenhos. A explicação sindical consistiu no seguinte: num caso havia processos porque os trabalhadores eram conscientes e corajosos; no outro não havia porque os trabalhadores tinham medo do patrão. Tal avaliação moral sociologicamente não explicava coisa alguma, mas também não poderia ser ignorada. Ela indicava que o ato de ir à justiça estava sendo revestido de uma conotação moral. Era como se o ato de cobrar os direitos dependesse da coragem pessoal e o ato de não ir à justiça fosse produto de uma covardia pessoal.

Explicar o ato de ir à justiça era mais fácil do que explicar o de não ir. Ir à justiça para o senso comum é porque o seu direito foi violado, etc. mas a gente já viu que não é por isso que as pessoas vão à justiça. Para evitar as armadilhas do senso comum, passei a considerar que não sabia nem porque iam à justiça, nem porque não iam. Tudo estava para ser descoberto. O que vou apresentar aqui já são os resultados do trabalho.

O primeiro engenho, que aqui darei o nome de Primavera, é o dos que vão à justiça. Este engenho pertence a uma usina, cujos donos possuem também uma rede de hotéis. 90% dos trabalhadores de Primavera tinham um processo contra a usina na Junta ou já o tinham tido alguma vez, durante a vigência do contrato de trabalho com a empresa, segundo dados obtidos no escritório da usina. O outro engenho, aquele sem processos, chamarei aqui de Aurora. Em Primavera, os trabalhadores estão submetidos a um administrador, o qual está subordinado ao gerente de campo, que obedece ao gerente-geral, que presta contas ao patrão. Os trabalhadores de Primavera nunca viram o patrão. Em Aurora, os trabalhadores estão submetidos também a um administrador. Ele, no entanto, está subordinado diretamente a um patrão que reside no engenho.

O que acontece quando eclode um problema em Primavera? O trabalhador procura o administrador, com quem em geral tem uma relação personalizada. Se não consegue se entender com o administrador, sua situação se complica, pois, à medida que sobe na hierarquia administrativa, as relações vão se despersonalizando e as pessoas se tornando inacessíveis. O trabalhador não tem nenhum acesso ao patrão. Para o gerente-geral, ele é apenas um número. Confrontado a esta gestão impessoal da empresa, o que faz o trabalhador? Ele procura o sindicato. A única coisa que pode fazer é se socorrer no sindicato. E em que situação ele vai ao sindicato? Ele vai se socorrer no sindicato quando eclode um problema que, via de regra, consiste na ruptura daquele contrato implícito a que me referi acima. Então, por exemplo, um trabalhador cuja casa esteja caindo aos pedaços dirige-se ao administrador e pede: "eu quero que conserte a minha casa". Tradicionalmente, os patrões consertavam as casas dos trabalhadores. Na época em que fiz a pesquisa, a usina à qual pertencia Primavera estava interessada em dispensar trabalhadores. Então a ordem era não consertar a casa para que, então, fossem embora. Ora, mas o contrato coletivo de trabalho prevê o conserto da casa. O trabalhador vai então ao sindicato. O sindicato abre um processo contra a usina para consertar a casa. O não conserto da casa é uma ruptura do contrato implícito. O sindicato invoca a norma do contrato e entra na Justiça para resolver o problema que o trabalhador não conseguiu resolver de outra forma.

No caso de Aurora, o patrão está lá, dentro do engenho, convivendo com o trabalhador. E mais: trata-se de um patrão que se orgulha de ser "bom". Ser bom nessa área significa proteger o trabalhador. Consertar a casa é uma maneira de proteger. O patrão de Aurora se considerava um "bom patrão" e era assim visto pelos trabalhadores. Do ponto de vista do direito trabalhista, o descumprimento das obrigações patronais não era menos expressivo em Aurora do que em Primavera. Seria mesmo possível dizer que se equivalia. No entanto, em Primavera, o descumprimento tornava-se um processo e em Aurora isto não ocorria.

É possível, agora, colocar em evidência os efeitos que a dominação personalizada e a dominação impersonalizada produzem sobre o ato de ir à Justiça. Trata-se de uma demonstração complicada. A questão é a seguinte: os trabalhadores de Primavera não tendo como resolver suas insatisfações internamente passaram a recorrer ao sindicato. A partir do momento em que o trabalhador recorre ao sindicato, ele entra numa relação de dependência com o sindicato. Quando o trabalhador bate à porta do sindicato para reclamar porque seu direito está sendo violado, ele está pedindo socorro e, como qualquer pessoa que pede socorro, colocando-se numa posição de inferioridade, de dívida com o sindicato. O sindicato é que vai resolver o problema dele. Do ponto de vista formal, claro que não é isso, mas do ponto de vista sociológico, claro que é. O trabalhador se sente agradecido ao sindicato. Isso aparece na formulação nativa: quando o trabalhador diz "graças ao sindicato eu resolvi o problema", ele está mostrando o quanto se sente devedor ao sindicato. Esta situação de endividamento adquire uma dinâmica própria, que forma uma espiral. O trabalhador pede ajuda ao sindicato; o sindicato resolve o problema dele; os dois entram numa relação de dependência recíproca. O sindicato quando precisa de trabalhadores para suas grandes mobilizações vai buscá-los em Primavera e em engenhos com os quais tenha relações homólogas. Assim, os engenhos com grande número de processos eram também a linha de frente das greves. Para todas as grandes ações, o sindicato conta com esses engenhos que são aqueles que tiveram processos que os dirigentes sindicais ajudaram a resolver.

No caso de Aurora, o patrão quer prezar o fato de ser visto como "bom", não vai deixar de consertar a casa do trabalhador. Ele pode até atrasar o salário do trabalhador. O momento que eu fiz a pesquisa foi muito bom para ver isso, porque foi um momento em que houve atraso dos salários: o patrão estava desesperado porque era um momento crucial por causa da crise da cana desencadeada ainda no Governo Collor, etc. Sem poder pagar o salário, ele mandou matar um boi, arranjou um acordo no supermercado para os trabalhadores poderem comprar as coisas. Não se falava em ir à justiça, ninguém foi à justiça. Haveria todas as razões do mundo para se ir, mas ninguém foi. Os trabalhadores não foram porque se sentiam endividados, havia uma dívida moral em relação ao patrão, que lhes fazia uma série de favores. Cobrar direitos trabalhistas seria proceder como um ingrato. Da mesma forma, se sentiriam os trabalhadores de Primavera que se recusassem a participar de mobilizações sindicais. Nos dois casos, os trabalhadores se sentiam moralmente endividados. E tanto era assim que nos engenhos em que os patrões mudam o comportamento em relação aos trabalhadores e param de protegê-los, observa-se uma enxurrada de processos na justiça. Nesta situação, a dívida moral foi anulada e pode-se partir para a cobrança das dívidas jurídicas.

A partir disso, podemos ver que a proteção dos direitos está inteiramente ligada a uma teia de relações e sujeita a constrangimentos que não são apenas constrangimentos jurídicos. O que pretendi demonstrar foi que para se entender a relação dos indivíduos com o direito não se pode olhar só para a norma jurídica, para as instituições encarregadas de garantir o respeito jurídico. Os indivíduos estão presos em teias de relações sociais muito mais complexas. Neste sentido o que foi visto aqui, a partir do caso pernambucano, pode ajudar a entender outras situações nas quais os indivíduos cobram cada direito violado e aquelas nas quais preferem conviver com tais violações porque percebem a existência de outras compensações.

"MENINOS DE RUA": REGISTROS DE UMA ETNOGRAFIA

Hélio Silva

(Antropólogo,professor da PUC-RS)

Eu vou tentar explicar qual foi e como surgiu a idéia da pesquisa[1] que realizei aqui no Rio de Janeiro, encomendada pelo ISER, IBASE, IDAC e pela FASE – as quatro ong's que na época tinham concebido e administravam o projeto "Se essa rua fosse minha". Tentarei sucintamente esclarecer os objetivos, as intenções, os procedimentos, os métodos, as técnicas e as principais conclusões às quais chegamos nesse trabalho.

A pesquisa foi realizada de 1° de setembro de 1992 até agosto de 1993 e seus resultados foram divulgados em livro publicado em 1995. Passados esses 5 anos, talvez possamos hoje fazer um balanço no sentido de explorar os limites do trabalho e discutir como a questão se apresenta atualmente. Tenho a impressão de que talvez me caiba falar do ponto de vista do etnógrafo.

Em primeiro lugar, vou recordar as circunstâncias em que nasceu o projeto. Tenho a impressão de que, nesse período de 92 e 93, a mídia do Rio de Janeiro vinha tendo a violência como tema freqüente. Dando vazão a algumas especulações, digo que a questão da violência no Rio de Janeiro é uma referência nacional e parece que algumas camadas de população se espelham no Rio, sem sintonia, às vezes, com o que está acontecendo realmente em sua cidade. O sobressalto, o medo, a questão do menino de rua, etc. são tematizados em cidades onde há problemas de violência e problemas sociais graves em relação aos meninos de rua, mas também em cidades onde a violência não é alarmante, onde as estatísticas estão sob controle e onde a presença de meninos de rua é mínima, residual e insignificante e, não obstante, o discurso parece permanecer o mesmo.

[1] Trata-se da pesquisa que originou o livro *Vozes do meio-fio*, composto com Cláudia Milito. (Rio de Janeiro, Relume-Dumará, 1995).

Recentemente, nós estivemos discutindo isso num fórum de violência no interior de Santa Catarina, a convite de uma série de instituições sociais. Na verdade, o Estado de Santa Catarina, do ponto de vista estatístico, tem índices absolutamente irrisórios de violência, mas algumas cidades como Chapecó e, às vezes, até Florianópolis se viram sobressaltadas com essa questão.

Sob meu ponto de vista, a questão da violência e da insegurança, que alguns chamam de cultura do medo, tem uma raiz em questões específicas relativas à criminalidade, crime organizado, assaltos, roubos, estupros, seja o que for. Eu acho que, além disso, esse discurso da violência exprime um certo desmonte de alguns mitos de referência para pensar a engenharia relacional no Brasil, o que é uma outra questão.

Nessa perspectiva, tenho a impressão de que esse discurso sofre flutuações. Em 92 e 93, toda a questão da violência no Rio de Janeiro tinha um bode expiatório que era o menino de rua. Acho que isso diminuiu um pouco agora, mas é impressionante que esse período termina com o massacre da Candelária, com a chacina de Vigário Geral também, mas a tematização central de todos os jornais era a questão dos meninos de rua como um símbolo metonímico. Tanto que a origem desse trabalho repousa numa série de versões dadas pela imprensa de que existiam milhões de meninos de rua no Rio de Janeiro.

O trabalho começa com uma contagem. O Rubem César, o Betinho, os dirigentes da FASE e do IDAC resolveram fazer uma contagem disso e a refizeram meses depois de maneira muito criteriosa, tecnicamente bem-feita e cuidadosa. A partir daí, descobriram que não tínhamos nem mil meninos na rua. Lembro que o Betinho dizia que se são mil, então nós podemos resolver esse problema. Se uma sociedade inteira se mobiliza, poderemos resolver esse problema. Assim, surge a idéia de se criar o projeto "Se essa rua fosse minha" que ainda existe, mas tenho a impressão de que com outro formato. Eram servidas quentinhas, refeições para as crianças na Av. Atlântica, no Leblon, depois no Centro e em outros pontos e, ao mesmo tempo, tinha uma casa que se mantém, até hoje, na Rua Alice. Alguns educadores de rua, profissionais de literatura, a "Intrépida Trupe" que fazia trabalho de exercícios, ginástica, expressão corporal com os meninos, junto com outros educadores de várias outras áreas, ficavam em volta dessas quentinhas, que era uma espécie de chamariz para se fazer o trabalho de educação.

O início desse trabalho suscitou entre os educadores de rua uma série de perplexidades e interrogações em torno do que seria esse menino de rua. Foi nesse momento que nós entramos. Essas quatro ong's nos contrataram, a mim e a Cláudia Milito, para que fizéssemos uma pesquisa sobre os meninos de rua no Rio de Janeiro, tentando ver, mais ou menos, sobretudo, como eles viviam, como interagiam com a sociedade mais abrangente, de onde eles vinham, enfim, tentar entender qual a visão de mundo dessas crianças e adolescentes de rua.

Durante treze meses, fiquei exclusivamente por conta deste trabalho. Nesse período, não dava aula. Era um trabalho *full time*. Nós ficávamos cobrindo as ruas durante 24 horas, na medida em que tínhamos turnos alternados. Às vezes, trabalhávamos manhã e tarde, às vezes, noite e madrugada. Percebíamos que havia universos em que era eficaz a presença feminina, em outro, a masculina e outros, a do casal. Se pensarmos bem, duas pessoas se dedicando a isso, mesmo que 24 horas por dia, durante treze meses, na cidade do Rio de Janeiro, é quase nada.

O que havia de qualidade diferencial e específica desse trabalho era o sentido de que procuramos o tempo todo estabelecer um regime de discussão permanente com outros pesquisadores e – sobretudo – com os educadores de rua, o que amplificava, qualificava e refinava nossa experiência em campo. Além dessa imersão no campo, havia uma sensibilização de ordem intelectual, pois tínhamos uma experiência de pesquisa, de trabalho de campo na Fundação Getúlio Vargas, onde trabalhei durante 10 anos, tínhamos também uma tradição de ordem teórica, de ordem metodológica em torno da questão da etnografia. Mas mais importante do que isso é que essa pesquisa foi uma experiência de vida emocional, que, de certa maneira, nos atravessava de modo tal que as referências, os conceitos, os métodos, as técnicas, às vezes, nos amparavam muito debilmente em função das fortes solicitações emocionais, das tensões, dos riscos, enfim, a tudo que ficávamos expostos nesses *fronts*, áreas extremamente tensas e perigosas.

Além disso, o que nos interessava é que ao lado dessa impregnação – que talvez nos suscitasse uma qualidade de escuta – essa profunda imersão talvez nos permitisse um tipo de escuta que explorávamos sistematicamente. Começamos a fazer o trabalho da seguinte forma: no primeiro mês, fizemos algumas anotações e nos reunimos com o Miguel Darcy, que dirigia o IDAC, Jorge Miguel Saavedra Durão, presidente da FASE, o Rubem César, que era presidente do ISER, e o Betinho, do IBASE. Fazíamos regularmente reuniões com essas pessoas que encomendaram a pesquisa para discutir. Estabelecíamos também um diálogo permanente com os educadores de rua. Além disso, periodicamente, trazíamos nossos resultados para os educadores do projeto "Se essa rua fosse minha". Discutíamos também nossos resultados, hipóteses e dúvidas com os pesquisadores do Núcleo de Pesquisa do ISER, à época coordenado por Luiz Eduardo Soares, voltados para vários temas que orbitavam em torno da violência e intolerância.

O nosso trabalho tentava ver onde estão os meninos, em que malhas sociais se inserem, de onde vieram, o que pensam, acompanhando-os, conversando, sobretudo, com a sociedade em volta; porque, na verdade, estávamos interessados em perceber onde estão eles, quem são, mas, sobretudo, como interagem com a sociedade em geral, qual o discurso dessa sociedade, quais são os atores sociais que convivem com estes meninos – flanelinhas, guardas, ambulantes, mendigos, etc. – assim, começávamos a trabalhar em cada área específica.

De uma certa maneira, tentamos orquestrar esse conjunto múltiplo de vozes que emitia opiniões, conceitos, discursos sobre os meninos e sobre as ruas no Rio de Janeiro, tentando articular e captar estas interfaces da sociedade em geral, desses vários atores com esses meninos de rua, sob uma forma etnográfica. O trabalho se constrói através do fragmento. No caso, como havia uma predisposição de maior visibilidade, pelo menos naquela época, de um discurso contra o menino, era possível perceber a população, grupos na Saenz Peña, na Av. Atlântica, estimulando e aplaudindo um policial que estava torturando e agredindo barbaramente uma criança, como vimos algumas vezes.

Em vários episódios de rua, havia pessoas revoltadas com a tortura, mas não havia lugar para essa voz, esse protesto se pronunciava de uma forma muito débil porque não havia uma predisposição generalizada para isso, não no sentido estatístico, mas no sentido do possível, do exprimível. O que se evidenciava era uma vontade contra o menino, como, por exemplo, um depoimento que me chocou muito, a opinião de um médico, cerca de 80 anos, lúcido, forte, aposentado que fazia medicina gratuita, saía sábado e domingo para atender a população. Ele me afirmou numa entrevista que o caso dos meninos de rua só se resolveria matando, porque eles não tinham salvação.

Essa vontade se verificava em profissionais liberais, professores, advogados, médico humanitário, etc. O que me parece a questão mais terrível da chacina da Candelária, pois quem fez aquilo pode ter uma mãe, um irmão que acham que é essa mesma a solução. O policial não é um monstro para fazer isso, ele pode contar com a solidariedade e compartilhar a mesma predisposição entre amigos, vizinhos e familiares. Como se essa percepção e predisposição ficassem naturalizadas, familiares. Assim, o menino de rua vira uma barata, que se deve eliminar, reprimir, espancar. Uma operação que o desumaniza e – diabolicamente – parece não deixar resquícios mais graves de consciência. Evidentemente, nós percebíamos entre policiais um profundo constrangimento em relação a determinadas práticas de tortura e de violência contra crianças e adolescentes de rua. Nós relatamos no livro alguns casos para tipificar, pois não tivemos a preocupação de dar um tratamento estatístico ou mais sistemático. Provavelmente, a maioria dos policiais não compartilha dessa predisposição. Talvez a maioria da população também não. Mas o que importava na época perceber era a debilidade das possibilidades de protesto e de mobilização para evitar tais práticas e predisposições.

Na perspectiva da necessidade de se conhecerem os meninos para dar informação, estabelecer um diálogo para que se pudessem avaliar, rever, retomar ou definir programas de atendimento, nós estávamos também preocupados em elaborar um texto de decodificação desse universo para a sociedade mais abrangente. A partir disso, o texto que fizemos tentou, na medida do possível, fugir um pouco do jargão acadêmico sem, evidentemente com isso, querer de maneira alguma fazer críticas a esses modelos. Estávamos querendo possibilitar – isto sim – uma dupla leitura que, na medida do possível, não fosse redundante e banal para o companheiro da academia, mas que pudesse fazer sentido e sensibilizar o leitor não especializado, sem hábitos de leituras etnográficas. Ou seja, uma tentativa de trazer esse menino e a humanidade desse menino; a sua afetividade e inteligência, enfim, lhe dar um pouco de corpo. Nesse sentido, apesar de discutirmos permanentemente teoria e método, nós evitamos trazer essas discussões para o palco. Não estávamos subestimando estas questões. O que queríamos era mostrar a temperatura da rua, mostrar como eles eram a partir de flagrantes. O texto foi construído a partir de flagrantes, porque esse universo é disperso e se apresenta fragmentariamente. A questão fundamental dessa experiência é que ela é profundamente desorientadora, nesse sentido de que você não tem um lugar para abarcar o todo. Você não conta com o panorama. Pequenos cacos, pedaços lhe são oferecidos intermitentemente. O menino circula. Desaparece, escapa, desconversa. Evita o contato. E, de repente, liga-se a você.

Ao cabo de 3 meses, o trabalho era intenso porque sabíamos das dificuldades para duas pessoas o realizarem. Reduzimos áreas específicas onde nos concentramos mais. A contagem inicial do IBASE e do ISER nos indicava onde os meninos dormiam e começamos a ir em todos os lugares, até Campo Grande, mas depois nos cingimos mais à Tijuca, ao Centro da cidade e Copacabana, constituindo os centros focais de comparação. Ao cabo de 3 meses não sabíamos nada, estávamos profundamente desorientados. Algumas vezes, saíamos de casa e nos ocupávamos horas com isso. Nesse período, usávamos ônibus e trem como transportes que permitiam um maior acesso ao cotidiano de rua, à voz do outro com a conversa no ônibus, tudo tematizando essa questão. Ficamos todos obsessivos com o tema. Nesse momento, ficávamos desorientados com todas as dificuldades no decorrer do trabalho. Às vezes perdíamos 4, 5, 6 horas e o grupo não estava ali, os meninos são extremamente errantes. Então, a ancoragem do projeto, onde eles viviam durante o dia, permitiu começarmos a contar com um grupo mais constante. Posteriormente, sem qualquer amparo do projeto, fizemos contatos com alguns meninos no Largo do São Francisco, com os quais mantivemos uma relação afetiva e isso ocorreu posteriormente também na Saenz Peña.

A nossa estratégia era freqüentar os lugares, começar a conversar, chamamos de "estratégia de qualificação", porque não nos apresentávamos como pesquisadores na maior parte das vezes, salvo para os meninos mais próximos do projeto "Se essa rua fosse minha". Não fazíamos entrevistas formais, não usávamos gravador, o que dificultava extraordinariamente o registro das impressões, mas estávamos permanentemente indo para os lugares, pegávamos a caderneta de campo e anotávamos, ou fazíamos isso na volta para casa.

O menino era sempre fugidio. A conversa era sempre crivada de pedidos para pagar um "joelho"[2], um tênis. Na medida em que você se aproxima, começa uma barganha infernal e para dobrar isso era muito difícil. Eles somem, reaparecem, têm outros interesses, não somos da idade deles, enfim, uma série de dificuldades, mas aos poucos conseguimos vencer tais resistências. No caso da Praça Tiradentes, graças a Cláudia Milito que se tornou exímia jogadora de fliperama e começou a ser uma referência para os meninos, conseguimos nos ancorar. Também começamos a entrar em sintonia e ter uma constância fixa através de outros ganchos, como, por exemplo, a amizade com mendigos do Largo de São Francisco que eram pais e parentes dos meninos de lá. A partir do quarto mês sistematizamos um pouco o material. Algumas descobertas da época talvez não sejam mais nenhuma novidade hoje.

Pudemos perceber claramente que, em geral, a rua não era problema, a rua era a solução. As suas moradias originais eram extremamente complicadas, muitos estavam fugindo de ameaças de morte, de condições extremamente precárias de vida. Nas ruas, sobretudo na Av. Atlântica, na Zona Sul, eles tinham o que barganhar, tinham possibilidades que seriam inimagináveis no seu lugar de origem. Apesar disso, resistimos a qualquer classificação. Logo na primeira página, abrimos a pesquisa com uma observação sobre a seguinte idéia de meninos de rua: "termo abrangente que designa meninos, meninas e adolescentes, cujos vínculos familiares são cíclicos, permanentes ou rompidos e que em decorrência ocupam a rua intermitente, temporária ou permanentemente". Isto é, não é uma definição.

---

[2] Espécie de salgado muito comum em botequins cariocas.

Uma primeira coisa que percebemos é que não há um perfil muito nítido. Os meninos estão na rua por motivos diversos, inclusive, muitas vezes por aventura, tendo família estruturada no sentido convencional do termo, pais trabalhadores, etc., que rompem com isso e vão para a rua na aventura, coisa da evasão adolescente, o que me parece interessante para discutir a questão. Se a rua é um problema, se a sociedade convive há tanto tempo com esse problema sem solucioná-lo, se é que seria possível solucioná-lo, o fato é que a sociedade legitima esse espaço, que é um espaço possível e está no horizonte de vários meninos que podem não estar com problemas de ameaça de morte, nem com problemas de fome, nem desestruturação familiar. Esse é um horizonte possível legitimado socialmente. Acho que é uma questão que ficou clara com esta experiência.

Com base na análise de 192 a 194 inquéritos policiais que apuravam homicídios cometidos contra crianças e adolescentes no Rio, em 1991, ficou muito claro para nós que os meninos morriam em casa. Isso foi divulgado amplamente, bastante discutido: a rua era paradoxalmente um lugar relativamente seguro. Nesse sentido, a Candelária era uma exceção, porque, por exemplo, nesses inquéritos que lemos, vimos umas oito Candelárias, chacinas de 10, 12 meninos num lugar onde "se deve fazer a chacina". Tenho a impressão de que este fenômeno está relacionado com outras questões e problemas e que remete um pouco à idéia de qual seria a importância de se fazer a etnografia de rua.

Ao meu ver, nesse cenário de paranóia em relação ao menino de rua, as fontes com as quais a população conta para pensar e se formar sobre os dramas de rua não possuem contexto. O que me impressionou em relação ao noticiário da Candelária é que não se tem o contexto, não se tem mais no RJ um repórter que conheça a rua. Na tematização e no noticiário, na maior parte das vezes, acontece que os episódios de violência que são normalmente a eclosão de um processo qualquer, tenso, de conflito, que tenha uma história, atores, interesses e relações, comparecem como manifestação súbita de gente bárbara, selvagem, irracional, estúpida, ignorante e não escolarizada que está na rua. Acho que por detrás da Candelária havia uma série de problemas – tensão entre os meninos da Candelária e os meninos da Central do Brasil; a questão de roubos em territórios diferentes; pagamento de parcelas de roubos a policiais corruptos; a questão da política de Direitos Humanos do Governo à época.

Talvez a etnografia fosse a forma de buscar o contexto ao menos em alguns episódios que podemos mapear e cercar, ou seja, fazer com que isso fizesse sentido, porque a leitura dos episódios violentos sem o contexto potencializa a paranóia. Finalmente, tentamos focalizar o menino, os seus espaços, através, sobretudo, da idéia de territorialidade como fundamental nos processos relacionais e identitários desses meninos. Mapeamos alguns desses territórios mais importantes, caracterizamos os personagens específicos e estilos de representação corporal de vestuário, de linguagem, etc., entre esses espaços. Tentamos, portanto, através de fragmentos, ou seja, de pequenas histórias, fazer uma montagem. O que nós tínhamos ao cabo do trabalho era uma multiplicidade de histórias. Não contamos uma história com princípio, meio e fim, nem organizamos esse material de uma forma abstrata, de maneira tal a colocar uma proposição, desenvolvimento e chegar a algumas conclusões.

Ao fim do trabalho, procuramos caracterizar o universo do território, o menino, os educadores de rua, a população em geral, buscando organizar isso através de uma multiplicidade de histórias pelo princípio de montagem. Ao invés de um discurso linear, teoricamente constituído – pois o trabalho tem questões teóricas que ficam claras para especialistas e pessoas que estão mais familiarizadas com etnografia e questões metodológicas – tentamos vazar isso através de um processo de montagem. Montamos no computador todas estas histórias, criamos um modelo e a partir desse modelo começamos a organizar o texto, pôr em princípio uma montagem que se baseava na idéia de uma tensão. Uma história à qual se segue uma outra que se lhe opõe, contradiz ou reafirma outras coisas de forma a compor um quadro que trabalhamos quase como um cineasta numa moviola.

ESPAÇO PÚBLICO, SISTEMAS DE CONTROLE SOCIAL E PRÁTICAS POLICIAIS: O CASO BRASILEIRO EM UMA PERSPECTIVA COMPARADA

Roberto Kant de Lima

(Antropólogo, professor titular da UFF)

Já que meu tema é referente à polícia, vou fazer uns esclarecimentos iniciais. Meu trabalho, originalmente, não tem a ver com a polícia. Eu não sou um especialista em polícia, meu trabalho tem a ver com questões referentes à administração dos conflitos e à produção de verdades no espaço público.

Esse trabalho foi todo construído em cima de uma experiência de campo, que em princípio não deveria ter sido uma experiência de campo, mas acabou sendo: a minha permanência nos Estados Unidos, para fazer um doutorado na Nova Inglaterra. Lá, eu observei e me submeti a um sistema de administração de conflitos, de produção de verdades e de convivência entre as pessoas muito diferentes do sistema com o qual eu estava acostumado. Eu nunca tinha ido aos Estados Unidos e quando eu fui lá estudar tomei contato pela primeira vez com a sociedade americana e também com esse tipo de controle social.

Naquele tempo – isso foi em 1979 – o Brasil ainda não era um país de emigração, já tinha começado, mas não era como hoje, que aquilo lá está cheio de brasileiros, já estão virando "minoria". Naquele tempo, os brasileiros iam lá estudar e o consulado americano não criava muito caso para dar o nosso visto. Nesta situação, havia uma questão muito importante para mim, como brasileiro: o pessoal da Nova Inglaterra é muito cioso de sua americanidade, da sua inglesidade, e tinha uma visão muito pejorativa daquilo que não era igual a eles. Eles acham não só que a democracia deles é a melhor, como acham também que a maneira de viver, *the american way of life*, que incluía essas questões todas, é a melhor forma de você se conduzir no mundo e na sociedade. E, portanto, tudo que é diferente daquilo é horroroso.

Para complicar minha vida, as pessoas estavam sempre interessadas nas minhas informações, não nas minhas idéias, mas nas informações que eu pudesse dar. E eu nunca tinha essas informações. Eu não sabia responder o que eles queriam me perguntar, eu nunca tinha resposta. Muito ignorante, embora eu tenha feito um segundo grau nos melhores colégios da época, no Brasil, esqueci tudo. Aquela geografia, aqueles negócios todos, não sei mais nada. E, para piorar, eu nunca tinha visto um índio. Um problema sério, porque fui estudar antropologia e nunca tinha visto um índio, o que era outra confusão terrível.

Como, para eles, eu não passava de um rapaz latino-americano, me sentia incluído pela academia, pelos professores, em uma categoria social meio estranha. E com todas as explicações que eu recebia – naturalmente você quer saber porque existe essa diferença de tratamento – não havia explicação nenhuma, é só porque nós, latino-americanos, somos mesmo mais negros, mais inferiores, mais misturados e essa coisa toda. Certamente, não somos ingleses, e é isso que nos mancha com um pecado original. Comecei então a ficar curioso sobre essa questão, porque ela vinha da minha experiência prática.

Disso resultaram várias coisas que eu escrevi, inicialmente, em um livrinho, um ensaio sobre estas questões: *A antropologia da academia, quando os índios somos nós*, exatamente porque eu era tratado como se fosse um "índio". Nesse livro, eu relato minha experiência com esse sistema de controle social, de produção de verdades e de administração de conflitos na academia, que é muito diferente daquele a que estamos acostumados.

E porque eu comecei a me interessar por essas questões, fiz o meu projeto de tese sobre aquilo que era mais fácil de estudar, o que era empiricamente mais explícito nesse sistema de controle social, que era a cultura jurídica. Esse controle do espaço público, essas regras todas estão consolidadas nas regras jurídicas. É claro que eu não estou dizendo que as regras jurídicas estão separadas da sociedade. Elas são uma expressão cristalizada dos valores sociais. Não são, evidentemente, a expressão de todos os valores sociais, mas são uma expressão cristalizada de alguns deles. Então, eu peguei esse objeto de estudo assim como quem pega um touro à unha. Vamos ver o que é que sai disso aqui! Isso também era importante para mim porque eu era também formado em direito. Isso, aliás, era um acaso, não tinha, até então, nada a ver com essa história toda. Porque, até então, eu não tinha feito nada que tivesse a ver com direito, a não ser uma disciplina de Antropologia do Direito em que fui compulsoriamente matriculado como único aluno, por razões institucionais, quando estava fazendo meu mestrado no Curso de pós-graduação do Museu Nacional.

Assim, de início, propus estudar uma coisa que era o júri. Porque tem uma instituição no Brasil chamada tribunal do júri, e tem outra nos Estados Unidos, o *trial by jury*. Então, eu propus comparar isso para ver o "bicho que dá". E os meus professores recomendaram que eu estudasse todo o sistema judicial, não podia estudar só a questão do tribunal do júri, tinha que estudar todo o sistema de justiça criminal brasileiro, que é a área onde esse tribunal funciona.

Voltei, então, ao Brasil, para fazer trabalho de campo e comecei estudando a polícia, os inquéritos policiais, depois fui estudar os tribunais, o tribunal do júri, fazendo uma etnografia. Quando eu terminei, voltei para lá e as pessoas disseram que eu não entendia nada de *trial by jury*, tinha que estudar isso também na cultura jurídica anglo-americana. Aí eu tive que aprender sobre o júri americano. Finalmente, quando eu achei que estava pronto para fazer a minha comparação sobre os dois sistemas, os professores disseram que eu não podia escrever sobre o *trial by jury* se eu não tivesse visto o júri, se não tivesse também esta etnografia. O prazo da bolsa da CAPES já tinha acabado, então eu desisti e resolvi escrever uma tese sobre a polícia brasileira. Resolveu o meu problema. Virei doutor.

Eu posso falar longamente sobre todo o resto, mas como eu escrevi e depois publiquei um livro sobre polícia, tema sobre o qual muito pouca gente escreve do ponto de vista sociológico, fiquei fadado a me manifestar toda vez que há assuntos policiais.

Depois disso, voltei aos Estados Unidos para fazer um trabalho etnográfico no tal *criminal justice system*. Comecei fazendo uma pesquisa de campo com a polícia de Birmingham, Alabama. Foi lá o lugar onde nasceu o movimento dos direitos civis, relativo aos problemas do racismo, da polícia em relação à população negra. Foi onde a polícia matou crianças negras e eles tiveram que fazer uma reforma na polícia. Passei 3 meses lá. Depois fui para São Francisco, na Califórnia, que é aquela coisa fantástica, democrática, todas aquelas minorias disputando a vez no espaço público. Todo dia tem uma passeata de uma delas, na rua. Lá eu trabalhei junto à Defensoria Pública. No Alabama, eu trabalhei com a polícia, e em São Francisco, com a defesa.

Mas fui fazer um trabalho de campo com a polícia e com a justiça criminal americana, para resolver esse meu problema. Porque toda vez que eu falava na comparação entre os sistemas e falava do sistema dos Estados Unidos – que os não especialistas conhecem muito mal, diga-se de passagem – perguntavam "mas você já viu?". Agora eu respondo: "já vi", aí explico como funciona, e fica todo mundo quieto, porque inclusive eles não têm essa percepção; embora eles estudem muito o sistema deles, eles o estudam de uma forma muito interna. Os antropólogos têm sempre uma visão comparativa e externa dessas questões. Isso foi um resumo da minha história com a polícia.

Com isso quero dizer o seguinte: primeiro, eu não sou especialista em polícia; segundo, eu vejo esse trabalho que estou fazendo sobre a polícia relacionado a todo um sistema de justiça criminal, de controle social da ordem pública. Eu vejo isso numa perspectiva necessariamente comparada, por causa dos meus dados empíricos. Agora, a gente está também trabalhando, através de um convênio da CAPES/Cofecub, com a França. Estamos também interessados no espaço público francês, que é completamente diferente, tanto daqui quanto dos Estados Unidos. Então, sempre procurando essas vertentes comparativas, eu vejo sempre o sistema de justiça criminal de ordem pública como uma expressão dos valores sociais. Eles nunca estão dissociados da sociedade. Quer dizer, tudo isso existe porque a sociedade gosta, concorda, acha bom e funciona utilizando essas regras.

Isso foi para dar uma ligeira introdução ao tema. Para ninguém achar que estou delirando demais, fora do meu estado de delírio normal. No começo deste trabalho eu comecei me atendo muito aos dados que eu tinha dos Estados Unidos e do Brasil. Fazia muita comparação entre Brasil e Estados Unidos. E dava tanto ao Brasil quanto aos Estados Unidos certas características que pouco a pouco eu fui compreendendo não serem propriamente exclusivas. Trata-se apenas de você identificar no ocidente dois grandes modelos racionais de produção da verdade, de administração dos conflitos, que são mais ou menos enfatizados em determinadas sociedades.

Sendo que nos Estados Unidos, por uma série de circunstâncias que todo mundo mais ou menos sabe, coisas vinculadas ao sistema democrático que foi fundado pela revolução americana contra os ingleses, do individualismo, do igualitarismo, um desses modelos que eu chamo de modelo paralelepípedo, é mais enfatizado. Esse modelo é mais explícito e isso tem conseqüências muito importantes porque, quando um modelo desses fica muito enfatizado, os discursos, para terem efeito em público, têm que estar de acordo com o modelo, porque se não estiverem, são ineficazes. Então, não é que não haja outras coisas, mas as outras coisas não são eficazes no espaço público e, muitas vezes, nem no espaço privado. Porque se você quiser resolver um problema, não adianta ficar falando outra língua. Por exemplo, se você quer chegar nos Estados Unidos e perguntar "você sabe com quem você está falando?" não adianta nada. Na Argentina também não. Diz o Guillermo O'Donnel que o cara responde assim: "que mierda me importa?". Então lá essa linguagem não tem efeito no espaço público. Então, há ênfases diferenciadas nesse modelo de paralelepípedo ou no outro, que eu chamo de modelo pirâmide. Você tem que adaptar seu discurso ao modelo. Senão ele não faz efeito. Não é que a pessoa não possa falar, mas não adianta nada a pessoa falar. Nos Estados Unidos, tem uma porção de gente que tenta fazer isso, mas não se dá bem.

O que eu vou dizer aqui para vocês rapidamente, é que, no Brasil, nós temos esses dois sistemas fazendo efeito, com eficácia, no espaço público. Então, não há só ênfase nesse ou naquele sistema, mas os dois sistemas estão juridicamente representados. É legal, é juridicamente legal, no Brasil, tanto você usar o sistema democrático do paralelepípedo, quanto o piramidal. O que evidentemente faz com que a gente permaneça numa sociedade assim, como uma pirâmide engastalhada num paralelepípedo, que é uma coisa que os juristas fingem que absolutamente não existe. Fazem ouvidos moucos e olhos cegos, mas é o que existe.

É lógico que tudo isso são tipologias, são modelos ideais. Mas eu tenho que começar de algum lugar. Então, o modelo do paralelepípedo tem dois pressupostos: tem um pressuposto de que a sociedade é composta de indivíduos e que estes indivíduos são todos diferentes uns dos outros, mas teoricamente são iguais, têm direitos iguais. Então, cada bolinha é uma bolinha autônoma e ela é tudo, homem, mulher, trabalhador, é tudo. Cada bolinha dessa pode ser tudo. Potencialmente ela pode ser qualquer coisa. E esses indivíduos se relacionam também individualmente. Se tirarmos um indivíduo daqui, não acontece nada com a sociedade. Todos os indivíduos estão dispostos nesse paralelepípedo, todos começam na base dele, em baixo, com essa idéia básica de que qualquer um deles pode chegar lá em cima. Porque o topo do paralelepípedo é do mesmo tamanho que a base dele. O acesso aos recursos é universal, é uma idéia que em português é muito difícil de traduzir, porque não existe nada universal no Brasil. Em Portugal também não existe nada universal. Universal quer dizer que todos os recursos estão universalmente distribuídos, são disponíveis da mesma maneira a todos. Por outro lado, a categoria universal refere-se sempre a um universo determinado, como se fala na estatística: é uma coisa delimitada, não é nada infinito. Estar disponível universalmente quer dizer estar disponível a todos daquele lugar da mesma maneira. As pessoas vão se movendo nesse paralelepípedo, de acordo com a sua capacidade de utilizar esses recursos, melhor ou pior.

É lógico que uma sociedade como essa naturaliza a igualdade. Quando aparece a desigualdade, você tem que explicar aquela desigualdade de algum jeito e, em geral, você apela para a natureza: "estava tudo disponível, mas o cara é crioulo, e aí, não tem jeito. Isso aí é uma coisa biológica, não vai aprender nunca", ou então é mulher: "mulher não dá certo, a cabeça não funciona.". Castro Faria sempre citava o livro do Tito Lívio de Castro, do final do século passado, "A Mulher e a Sociogenia", que dizia que as mulheres tinham o cérebro menor que o dos homens, por isso não poderiam nunca competir com a inteligência deles... Vai ver agora, vão dizer que elas têm neurônios demais... Você apela para um fator extra-social para explicar porque é que o Clinton chegou aqui, e o outro cara lá não chegou, porque ele não soube, ou não pôde, por incapacidade biológica, genética, aproveitar as oportunidades. Mas o sistema deu as oportunidades para todo mundo, "tá aí, a pessoa não usa porque não quer". Esse é o modelo do paralelepípedo. Eu volto a insistir aqui que esse modelo só funciona se os recursos estiverem, em teoria, universalmente distribuídos. É por isso que o discurso dos direitos civis cola: se tem que ter para todos por igual e não tem para mim, eu também quero o acesso que os outros têm... Notem que o que se reivindica é o acesso, não os bens em si...

Isso parece fácil, mas é uma coisa muito difícil de entender, em especial no que diz respeito à circulação e acesso às informações. Quer dizer, uma informação nesse sistema só é válida se estiver universalmente disponível para todo mundo. No meu livro *A Antropologia da Academia*, eu conto uma história que aconteceu comigo quando estava fazendo o doutorado. Fui com um livro em francês, para fazer um seminário, era um livro do Lévi-Strauss sobre o Marcel Mauss, que não estava traduzido nem em português nem em inglês. Nem estava na bibliografia da disciplina. Quando cheguei todo feliz para fazer meus comentários com o "meu" livro, me deram um "esculacho" e eu tive que enfiar o livro em algum lugar, porque o livro não estava na bibliografia, o livro estava em francês, as pessoas não tinham lido. Então, como é que eu vou discutir uma coisa que não foi lida? Então a informação particularizadamente apropriada tem um sinal negativo, e a universalidade tem um sinal positivo. Isso é muito importante, depois a gente vai ver o porquê disso.

Além dessa universalidade, o modelo do paralelepípedo, quanto às regras de funcionamento, apresenta mais duas características relevantes: o caráter de localidade e a literalidade. Então, as regras, nesse sistema, são legítimas porque são sempre vistas como locais, válidas para esse paralelepípedo. No "outro" paralelepípedo, ali ao lado, eu não sei como funciona. Então o Alabama tinha – e talvez ainda tenha – condados em que ainda existia a lei seca, ter bebida alcoólica em casa era crime. Mas nos condados vizinhos não era, aí eu atravesso a rua e encho a cara na casa dos meus amigos... Depois volto para casa de porre e pronto, não cometi nenhum crime. Eu estou sempre situado num determinado universo: o universo da academia, do bairro, dos Estados Unidos. Assim, as regras são sempre locais. Nunca são gerais. Essas regras locais se aplicam a todos da mesma maneira, como já falei, porque há essa universalidade, e são literais porque se elas são locais, são coisas combinadas, consensuais. Como nós combinamos vir aqui esta noite. Neste horário, neste lugar. Ou se estiver escrito "não pode fumar", ninguém pode fumar. As regras são literais porque se supõem consensuais. Esse contrato tem essa característica. Regras literais e consensuais. O espaço público é esse contrato e o governo é a administração dos conflitos dentro desse esquema estabelecido. Isto porque, no paralelepípedo, esses indivíduos todos, como eles são todos diferentes, estão todos em oposição, estão sempre brigando uns com os outros. Por isso precisam desse contrato social para resolver isso. Essas regras são uma forma de resolver um problema social. Todo mundo tem que abrir mão de alguma coisa para poder viver em sociedade.

Mas, "do outro lado da cidade" – como naqueles filmes do Batman, passados todos em Gotham City, para não fugir à tradição a que estou me referindo – nós temos o outro modelo, que é o piramidal, que reflete também um modelo diferente de sociedade. Ele é claramente identificado na nossa sociedade ocidental como o modelo do Antigo Regime. É o modelo do rei, da aristocracia, etc., que diz que a sociedade é feita de segmentos desiguais, naturalmente desiguais, tinha gente de sangue azul, vermelho, etc. Tinha deuses também, que estavam no meio disso, justificavam o direito divino, a monarquia absoluta. Mas neste modelo, quando não tem mais o Antigo Regime, nem Rei, nem Deus, o que fizeram os juristas? Colocaram a Razão no lugar. E como todos sabem, a Razão Iluminista não é fruto de um consenso, mas de uma iluminação, é própria dos iluminados. Em conseqüência, os segmentos dessa sociedade são desiguais, uns são iluminados, outros não e, portanto, todos devem guardar seus devidos lugares, sob pena do triunfo inexorável da barbárie. Cada segmento não pode sair do seu lugar, porque se ele sair atrapalha o todo. Aqui, ao contrário do modelo paralelepípedo, não tem conflito, pois o conflito não organiza a sociedade, aqui o conflito desarruma a sociedade, porque o conflito é dizer que essas pedrinhas estão fora do lugar. Que esse "A" cresceu e ficou em cima do "B", o "B" em cima do "C", e isso é um problema, porque essa pirâmide é um sólido. Se você começar a mexer, vai desabar isso tudo, vai ficar irracional.

A primeira questão é que esse modelo é um modelo da harmonia. Ora, se é o modelo da harmonia, ele tem outras características também, porque, obviamente, comparado ao paralelepípedo você vê logo que o topo é menor do que a base, o pressuposto óbvio é que nem todo mundo que está aqui em baixo vai chegar lá em cima: simplesmente não tem lugar! Olhando aqui, você vê que tem umas pessoas que estão em cima e umas outras estão embaixo. E quem está embaixo vai ter que ralar para chegar em cima, ou talvez nunca chegue. Isso porque nem todo mundo, de cara, pode chegar lá em cima. Isso nos remete a um problema interessante sobre recursos e informação, porque o sujeito que está nesse vértice (no topo da pirâmide) sabe tudo, vê tudo, controla todos os recursos e sabe mais do que todo mundo. As coisas que só ele sabe, particularizadamente, são coisas valiosas. O saber particularizado é um valor. Ele quer dizer que eu estou mais acima, porque eu sei mais do que outros através de uma fonte que não está disponível a eles, quer dizer, foi por isso que eu subi e eles, não. Por exemplo, na bolsa de valores, neste sistema, se você não tiver informação privilegiada, você não se dá bem como corretor. O cara tem que dizer em público que conhece Fulano, Sicrano é meu tio... Eu digo isso porque também trabalhei na bolsa como operador, antes de virar antropólogo. Conversa ali no almoço, no jantar, sabe aquilo, "o negócio é vender tal coisa e comprar tal", é uma coisa natural, isso não é considerado ilegal, imoral, nada disso. Simplesmente eu estou próximo a essa informação, porque eu estou mais próximo do topo, inclusive eu estou sendo generoso, porque eu estou partilhando esse conhecimento particularizado com pessoas que não têm acesso a ele. Sou até um agente de transformação social.

Isso é uma coisa muito importante de se pensar porque a imprensa no Brasil trabalha muito com o esquema piramidal e pouco com o esquema paralelepípedo. Essa idéia de que a informação privilegiada é importante, naturaliza a desigualdade nesse sistema. É o caso de achar que pode transformar o público em privado e vice-versa, como quando publica transcrições de gravações ilícitas, fotos de pessoas apenas suspeitas, o que seria passível de sanções terríveis em outros países ocidentais. O que acontece aqui é que as regras dessa pirâmide são regras que valem para essa pirâmide toda. São sempre regras gerais. Porque é uma regra que sai aqui do topo e ela tem que controlar a harmonia desses pedaços todos. Então cada um tem seu lugar. E eu, que estou no topo, é que sei o lugar de cada um. Naturalmente que quem está em baixo vê menos essa arrumação. Quem está em cima vê mais. Assim, as regras têm sempre que ser interpretadas, porque elas não podem ser aplicadas igualmente para todo mundo, que seria uma injustiça, porque essas partes são desiguais. Então, eu não posso tratar todo mundo da mesma maneira. A regra é geral mas eu tenho que tratar todo mundo de uma maneira diferenciada. Tenho de aplicar a regra particularizadamente, senão eu estaria cometendo uma injustiça se eu aplicasse a regra universalmente. Nesse sistema, não pode haver universalidade de aplicação de regras, porque a universalidade simboliza exatamente uma injustiça. Rui Barbosa, nosso ícone republicano, dizia, imaginem, que fazer justiça é tratar igualmente os iguais e desigualmente os desiguais. Deve ter aprendido isso com a monarquia inglesa...

Por outro lado, as regras são particularizadas no momento da aplicação: se eu tenho que interpretar a regra, eu tenho que ter autoridade interpretativa, o guarda interpreta de um jeito, o delegado de outro, o promotor de outro, o juiz de outro, o ministro do Supremo Tribunal Federal, de outro. Aí vem o Saulo Ramos e diz "o Supremo está errado porque eu sei mais do que o Supremo". Ou seja, você tem um duelo de autoridades interpretativas para ver como é a correta aplicação particularizada da regra geral. Assim, funciona tudo na base da regra geral. Está escrito ali? Está escrito, mas o que é que quer dizer? Tem sempre uma interpretação. Ninguém no Brasil acredita no que está escrito. Só "vale o que está escrito" no mundo da contravenção...

O que eu estou dizendo é que, no Brasil, nós temos um sistema jurídico que funciona de uma determinada maneira. E eu não estou falando só do sistema jurídico, estou falando que a sociedade funciona assim. Só que o sistema jurídico assimila valores diferenciados. Na nossa sociedade, eu acho que o sistema jurídico é exatamente dessa forma curiosa: uma pirâmide dentro de um paralelepípedo.

Nós temos normas constitucionais que supostamente são as mais elevadas, as mais importantes. E essas normas, apesar de não serem todas assim, enfatizam o modelo do paralelepípedo, desde a primeira constituição republicana. A nossa constituição é feita pelo modelo da constituição dos Estados Unidos da América do Norte, na teoria do direito constitucional, sempre se enfatizou essa questão do chamado princípio da isonomia, de serem todos os cidadãos "iguais perante a lei". A única constituição que dizia que não eram todos iguais foi a constituição do Império, que dizia que a "lei era igual para todos". E por causa disso, o paralelepípedo é todo enfatizado numa série de direitos e garantias individuais que está escrita na constituição e que aponta para esse paralelepípedo. No entanto, quando você comete alguma infração, as regras que vão informar a construção da sua verdade, a administração do seu conflito, não estão na constituição, e sim no código de processo penal.

O código de processo penal, no Brasil, tem uma história engraçadíssima. Lógico que, na época colonial, o código de processo eram as ordenações. As ordenações são regras de uma sociedade desigual. Havia nobres e plebeus, escravos, etc. evidentemente, cada um tinha um tratamento diferente, um direito diferente. Eram torturados, inclusive, de maneira diferente. Uns não podiam ser torturados, outros podiam. E eram princípios religiosos, de inspiração católica, que regulavam as confissões, as intenções, os arrependimentos. Porque, em Portugal, crime e pecado eram a mesma coisa e recebiam o mesmo tratamento. Quando ocorre a Independência, faz-se no Brasil um outro código, em 1831, à maneira inglesa. Fez-se um código inglês, que não funciona, porque propõe instituições e mecanismos ingleses de administração de conflitos: inventa o júri, o juiz de paz eleito. Isso, obviamente, não dá certo. E aí, em 1840, faz-se a restauração e dá-se aos delegados o poder de administrar os conflitos e de decidir quem vai ser, ou não, processado. Os delegados vão fazê-lo até 1872. Essa data é importante porque, situada antes da república, é identificada por vários historiadores das idéias, inclusive Silvio Romero, com o momento em que, finalmente, as idéias iluministas chegaram ao Brasil. Concomitantemente, então, foi criado um código de processo penal, que divide o processo em dois pedaços, um pedaço chamado inquérito policial, que é um processo administrativo, monológico, inquisitorial, e um processo judicial, que se regula pelo chamado princípio do contraditório. Daí para a frente, o código só vai ser reformado em 1941, por Francisco Campos, durante a ditadura de Getúlio Vargas. E ele, praticamente, nos assuntos que nos interessam, reproduz o código de 1871/2. E até hoje ninguém mais reformou o código de processo penal. Ninguém bota a mão nisso, porque tem uma série de especialistas que se encarrega disso, inclusive ninguém é considerado interlocutor legítimo para discutir o código de processo penal, a não ser os juristas especialistas nessa "matéria", que eles chamam de "ciência". Discute-se a constituição, mas o código de processo penal, ninguém fala sobre isso.

E, embora esse código tenha disposições claramente inconstitucionais, ele é que orienta a prática processual desde 1870. Ou seja, as pessoas – os operadores do direito, juízes, policiais, delegados – estão há 130 anos fazendo processos baseados no código de processo penal. São 130 anos de tradição cristalizada nesse código. Esses institutos inconstitucionais começam pelo mais escandaloso de todos, a prisão especial. Isto quer dizer que uma pessoa que tem nível de instrução superior dá um tiro num sujeito, e uma que não tem instrução superior, e dá ao mesmo tempo um outro tiro no mesmo sujeito, se forem presas, vão ser tratadas de forma desigual. Uma vai para a cadeia, ser estuprada, dormir em pé, comer mal, não tomar sol; a outra vai ter um tratamento especial, que agora, em 2001, passou a significar "apenas" que fica separada dos presos comuns... O tratamento especial é uma coisa muito importante quando uma pessoa está se defendendo de uma acusação. O juiz Nicolau, por exemplo, não queria ser fotografado, não queria ser algemado, tinha comida especial e acabou preso em casa, porque estava doente. E os presos comuns? Esses não podem sair da prisão quando estão doentes. Já se disse até que estão melhor lá do que fora de lá, porque onde moram não têm recursos para se tratar... O que indica que a liberdade não é um bem que se conceba como universalmente distribuído no Brasil. A polícia costuma dizer que a prisão é um benefício, não um castigo para os miseráveis que nela estão: teto, comida e roupa lavada de graça! Ou seja, essas pessoas nunca estiveram no mundo público, do tal Estado de Direito...

Há também outras coisas, como a competência por privilégio de função, os foros especiais, etc. Isto tudo diz que, uma vez que você tenha tido um cargo de jurista, de prefeito, seja do executivo, seja do judiciário, esse cargo meio que colore você com alguma coisa fantástica e se você matar sua mulher, por exemplo, porque a pegou na cama com outro, você não será julgado como o comum dos mortais. Você vai ser julgado pelos seus pares, ou seja, se você for prefeito, pelo Tribunal de Justiça do Estado, se ministro, pelo Superior Tribunal de Justiça, se for presidente, como aconteceu com o Collor, pelo Superior Tribunal Federal e os seus ministros. O engraçado é que a teoria do nosso direito e aqueles que defendem esses institutos vêem isso como um prejuízo. Dizem que isso não é um privilégio e sim um prejuízo, porque você "perde" uma instância de julgamento, vai logo para a instância de degrau superior. No entanto, se você pensar, todas essas pessoas são nomeadas pelo governo, os ministros e os desembargadores são nomeados pelo governador e pelo presidente, o que é evidentemente uma negociação política. Não há um concurso, nem uma eleição para esses cargos. Eles são nomeados desembargadores ou ministros. Portanto, para ser nomeado é preciso ter algum tipo de relacionamento. Então, essas pessoas são julgadas por aqueles que elas mesmas, muitas vezes, nomearam. Mas o importante nem é isso: o importante é que o "povo" não pode julgar essas pessoas, porque elas não pertencem ao povo. Ou, como dizia Oliveira Vianna, tem o povo e o "baixo-povo"... Quanto às imunidades parlamentares, a mesma coisa: deveriam dizer respeito apenas aos crimes de opinião, mas estendem-se a todos os tipos de crimes. Há pessoas que sabidamente se elegem para escapar da justiça!

Isso porque você considera que a ocupação de certos postos, o exercício de certas tarefas, lhe dá imunidade. Isso é uma coisa muito interessante, se você for perguntar aos comentaristas do código de processo penal por que existem estas normas, eles irão responder que isso é uma coisa herdada dos tempos das ordenações, quando a competência de julgar se fazia em razão da pessoa, *ratio personae*. As pessoas eram diferentes em uma aristocracia, então elas eram julgadas por pessoas diferentes, de maneira diferente, desigual. Elas só podem ser julgadas por pessoas iguais a elas, nunca por seus "desiguais".

Essas questões deixam claro que o código de processo penal não olha para a sociedade como uma sociedade paralelepipídica. Isso tem uma conseqüência muito complicada na prática, que é a polícia não poder tratar todo mundo da mesma maneira, porque está na lei que ela não pode tratar. Isso é um grande problema, porque o sujeito prende o cara e ele diz, "não, eu sou formado." Então ele tem que mudar o tratamento, não pode fazer a mesma coisa com todo mundo. O código de processo impõe às autoridades o tratamento desigual da população. Apesar da constituição dizer que não.

Há pouco tempo, a prisão especial foi novamente regulamentada e o argumento para mantê-la foi o de que se ela fosse extinta, nenhum juiz iria prender mais nenhum rico no Brasil. Porque eles não teriam coragem de mandar essas pessoas ricas para essas cadeias fétidas, etc. O que é muito interessante, porque o que esse discurso não diz é que os ricos não podem ir, mas os pobres podem. E como essa prisão especial é uma instituição que mantém a pessoa separada enquanto ela está sendo julgada, conclui-se que os ricos têm a presunção da inocência e os pobres não!!! E é também muito engraçado, porque não só ninguém quer acabar com esse privilégio, como muitas categorias profissionais – que é como se instala a cidadania regulada no Brasil, como diz Wanderley Guilherme dos Santos – querem se incluir. Então, mesmo não tendo curso superior, professor primário também tem o privilégio, professor secundário também, os oficiais da marinha mercante, os ministros religiosos, os militares dos estados e do Distrito Federal e territórios, os diretores de sindicato também. Subir na pirâmide não é uma coisa ruim, porque lá em cima não tem lugar para todo mundo. Você não está tirando nada de ninguém. É uma cunha que você está fazendo. Os privilégios pegam mal só no modelo do paralelepípedo, são ruins porque são um benefício que todo mundo deveria ter. Mas na pirâmide não. É lógico que uns tenham umas coisas e outros não tenham. Essa é a lógica do código de processo penal.

Em cima disso, que é uma coisa óbvia, a gente observa também que as formas de produzir verdade que estão contempladas no código são diferentes. Isto tem uma história muito comprida, que é o processo penal ter três lógicas de produção de verdades diferentes. É uma na polícia, uma no procedimento judicial e outra no tribunal do júri. A polícia brasileira trabalha, fundamentalmente, com uma coisa chamada inquirição. Que é um procedimento que valoriza a informação sigilosa, preliminarmente obtida, para manter a paz, porque tem a idéia de que o Estado é o responsável pela manutenção da paz e o Estado é que resolve qual é o conflito que a polícia vai deixar aparecer, então, antes ele quer saber tudo. Como me disse um delegado: "o inquérito é um procedimento do Estado, contra tudo e contra todos, para apurar a verdade dos fatos". Primeiro obtém-se o maior número de informações sobre o caso e depois então chama-se o acusado para o interrogatório. Então, interroga-se o acusado sobre uma coisa que já se sabe. A sua culpa já é conhecida. O interrogatório se distingue da entrevista sociológica, porque no interrogatório eu sempre pergunto aquilo que eu já sei. Na entrevista, constrói-se uma verdade através de um diálogo, e essa verdade é consensual, é resultado de um consenso dos interlocutores.

É interessante notar que nas práticas acadêmicas brasileiras relacionadas ao curso de direito, só se ensina e pratica a técnica do interrogatório, não da entrevista. A pessoa só pergunta aquilo que já sabe. O que não sabe, não pergunta porque não interessa. E o que eu já sei, vou perguntar para ver se a resposta coincide com o que eu sei mesmo, e se não coincidir, meu interlocutor é um imbecil. Então, esse interrogatório é inquisitorial. É um procedimento antigo, que não é só da Inquisição, ele está baseado fundamentalmente numa forma de produção de verdade, da verdade absoluta, da verdade além de qualquer dúvida, que só pode ser obtida pela confissão, uma penitência que mostra o arrependimento e atenua a pena do pecador/criminoso. O que justifica exatamente várias coisas.

A primeira coisa que se justifica é o direito que as pessoas têm de mentir. O que nos causa problemas éticos na sociedade. O advogado da pessoa mente, porque está defendendo a pessoa que está mentindo, porque ele tem o direito de mentir. O réu, quando não está arrependido... porque quando você está arrependido, você confessa e a confissão é uma penitência. Eu confesso, "estou arrependido", pronto. Reza-se uma penitência e está tudo acabado, estou absolvido. Posso até ir para a cadeia, ser queimado em praça pública, mas estou salvo, minha alma, meu espírito está salvo. Isto é importante porque na França, por exemplo, também existe confissão judiciária, mas tem outro nome, não é *confession*, é *aveu*. Aqui, a confissão judiciária e a católica estão, ainda, no mesmo campo semântico. Então, se eu cometi um crime e estou sendo acusado, e não estou arrependido, não preciso confessar, porque ninguém iria se autoacusar sem estar arrependido. Deixa-se o acusado mentir, porque só se diz a verdade quando se está sinceramente arrependido. Acredita-se que a mentira vai ser descoberta mais cedo ou mais tarde. Então, ele tem o direito de mentir. E ao mesmo tempo que o acusado tem o direito de mentir, o policial acha que tem o "direito" de torturá-lo, para que ele diga a verdade. Afinal de contas, o policial já sabe que ele fez aquilo. O policial quer "salvá-lo", quer que ele se arrependa daquilo que fez, e usa a tortura para que ele confesse. Na hora que ele produzir a verdade desejada, já sabida, o policial vai largá-lo, acusá-lo judicialmente, ou repreendê-lo e fica tudo bem. Por isso podem-se tirar fotos de suspeitos e publicá-las no jornal: presume-se sua culpa!

Já a tortura nos Estados Unidos tem uma lógica diferente, é para destruir o criminoso. O criminoso é um cara igual a mim, mas ele optou por ser ruim, eu optei por ser bom. Você via lá no Alabama policiais negros tratando traficantes, ou supostos traficantes, com maior violência por causa disso. Os dois nasceram no gueto, um resolveu ser bom e o outro ruim. Então, "pau na moleira!", mas ele não quer que ele confesse nada, ele quer sumir com o suspeito.

Mas a violência policial, de acordo com o modelo piramidal, é diferente, ela quer que o suspeito confesse. É diferente da tortura política, que também não é a mesma coisa. A tortura política quer destruir, obter informações, mas quanto ao moral do acusado, não quer que ele se arrependa, quer que ele morra, a não ser em casos muito particulares. A violência policial no Brasil está baseada na idéia de que eu quero obter uma verdade que eu já conheço e de que eu estou fazendo um benefício para o acusado; isso tem raízes no processo religioso até hoje. É assim que funciona o inquérito policial. Por outro lado, nesse tipo de obtenção da verdade não se pode negociar, não há negociação possível, porque a verdade ou é ou não é.

Esse princípio é exatamente o oposto do outro sistema, o do paralelepípedo, que é consensual, que faz com que as verdades sejam consensuais. Nós vamos inventar nossa verdade e vamos resolver que essa verdade é a verdade e acabou. Eu não estou preocupado com nenhuma verdade essencial.

O outro sistema de produzir verdades judiciárias é o processo judicial que gira em torno do chamado princípio do contraditório. O nosso processo judicial recusa o rótulo de inquérito, porque diz que é presidido pelo juiz, mas é movimentado pela denúncia do promotor, que é quem tem o direito de acusar. Mas, ao fim e ao cabo, funciona como se fosse um inquérito, porque o juiz também pode descobrir verdades e os principais elementos de prova são testemunhais. Diferentemente dos acusados, as testemunhas não podem mentir porque falso testemunho é crime. Só os réus podem mentir, porque não existe em nosso direito o crime do perjúrio. Apesar disso, colocaram na constituição o direito de ficar calado. Mas o direito de ficar calado está associado ao crime de perjúrio: se a pessoa mentir em público, é crime. Ao contrário, no sistema inquisitorial, o silêncio corresponde à culpa; se eu posso mentir e não minto, estou consentindo com a acusação: quem cala, consente. O silêncio e o discurso têm significados completamente distintos em situações distintas.

Aqui, quando a polícia pega alguém, e ele quer ficar quieto, está consentindo porque o sistema do código de processo penal, que é o sistema empregado, pensa sempre isso, "se o sujeito pode mentir, não é pecado mentir, por que é que ele não mente? Por que é que ele não inventa uma história? Ele não inventa nada, então ele está aceitando a acusação feita a ele". Esse sistema de processo usa testemunhas, que é exatamente o processo do inquérito. Então, esse negócio de prova técnica no Brasil só vai vingar se a prova técnica adquirir credibilidade no processo. Porque no Brasil não há nenhuma obrigatoriedade do juiz usar a prova técnica para o que a teoria chama de seu livre convencimento. Ele pode dizer "não gostei da prova técnica, mas acredito nas testemunhas que ouvi". Não existe nenhuma regra que diga que o juiz tenha que se submeter à prova técnica.

No outro sistema, do paralelepípedo, tudo que você disser em público tem que ser verdade. O seu direito de ficar calado corresponde à criminalização da mentira, que é o chamado crime de *perjury*, inexistente no Brasil. Em uma sociedade composta de indivíduos em potencial conflito de interesses, a previsibilidade do comportamento do outro é fundamental para a vida social. É proibido mentir.

Finalmente, no tribunal do júri, tem uma coisa chamada ordálio ou sistema da prova legal. Que é um debate entre dois campeões. Então, você tem um momento no júri que são dois profissionais, um promotor e um advogado de defesa, falando durante, teoricamente, até 3 horas cada um, e eles podem dizer tudo que eles quiserem, pois aquilo não é gravado nem documentado, eles não têm que se ater a coisa nenhuma, nem ao que está registrado no processo, nos autos. E se os réus que os advogados estiverem defendendo estiverem mentindo, eles podem mentir à vontade. Não tem problema nenhum, não há como responsabilizá-los, porque está na lei que o réu pode mentir. Não acredito que essa regra exista em nenhum lugar do mundo ocidental. Mas aqui pode, e como não se registra nada, impossibilita a pesquisa histórica com processos, porque nunca se sabe qual foi a argumentação que absolveu ou condenou o acusado. Porque, no processo de um acusado, tudo pode indicar que ele vai ser condenado e ele é absolvido, ou vice-versa. Porque houve um momento no julgamento em que esse debate não registrado, entre o promotor e o advogado, definiu tudo.

Em cima do juiz que está presidindo o julgamento tem um crucifixo, todo tribunal do júri tem um crucifixo em cima do juiz. No primeiro tribunal do júri, na década de 30 ou 40, houve um positivista, daqueles que seguiam o positivismo de Augusto Comte como religião, que disse que não ia ser jurado com aquele crucifixo. A república tinha se separado da igreja e não havia mais religião oficial. Por isso ele criou um caso. A imprensa do Rio noticiou. Sabem qual foi a solução? Tiraram o crucifixo? Não, colocaram uma cortina na frente do crucifixo. Depois que o positivista deixou de ser jurado, tiraram a cortina. E até hoje tem a cortina aberta. Naturalmente se alguém reclamar, já tem a cortina, é só fechar. Então aquele crucifixo não está lá só para enfeitar...

Todos esses sistemas de produção da verdade têm uma coisa em comum: a forma com que se aplicam as regras favorecem a sua externalização. Quer dizer, as pessoas não vêem as regras, nem o processo, como instrumentos de sua defesa contra o estado, mas de ataque do estado contra elas. Nos Estados Unidos, por exemplo, o *due process of law* é um direito do cidadão que se acha injustamente acusado. É *due* no sentido de que é uma dívida do estado para com os cidadãos. Então, só vai a julgamento quem não concorda com a acusação. Concordou, negocia uma acusação que seja a mais conveniente para ambas as partes. O sistema favorece a normalização dos indivíduos, pela internalização das regras. Aqui, não. Nossos juristas parafrasearam esse sistema, colocando o "devido processo legal" na constituição, mas isso só quer dizer que o processo tem que estar certinho... Mesmo se a pessoa confessa, o julgamento tem que se realizar, para decidir se a pessoa é culpada ou inocente, porque se está em busca da verdade real, através do sistema do contraditório: teses que, obrigatoriamente, se opõem, entre as quais o juiz ou os jurados devem escolher uma, que necessariamente exclui a outra. A verdade, mais uma vez, não é uma construção consensual.

Finalmente, eu estou querendo dizer que, nesse sistema de verdades construídas de maneira diferente, a verdade da polícia é a pior delas. Porque a verdade inquisitorial, explicitamente monológica, é a que menos vale. E essas verdades construídas nesses três níveis do sistema se contradizem e se desqualificam umas às outras. A polícia fica com essa identidade subalterna, e ela sempre está errada. Mesmo que ela faça tudo direitinho, o jeito como ela faz é fragilizado, errado mesmo. A verdade que ela produz não é boa, e isso faz com que ela desenvolva uma autonomia na produção da verdade que ela vê como oposta às outras fatias do sistema. Isso é exatamente oposto ao sistema da polícia americana, por exemplo, que trabalha junto com a promotoria para acusar as pessoas. A idéia lá é a de todos – defesa, acusação, polícia – produzirem a verdade da mesma maneira, com as mesmas regras, só que cada um usa de uma maneira diferente.

No Brasil a polícia tem uma regra de produzir a verdade, o processo judicial tem outra, e o processo do júri tem outra. E elas se desqualificam mutuamente. E é óbvio que não se podem dar responsabilidades iguais aos atores do sistema. Não se pode pedir autonomia. Quando se desqualifica algum segmento em qualquer dessas instâncias está-se, ao mesmo tempo, promovendo uma grande pizza, porque ninguém tem culpa de nada. Ninguém é responsável por nada, cada um está fazendo o seu trabalho, mas o outro não gostou, porque ele não concorda, não é com o resultado, é com as regras que presidiram a obtenção do resultado. E o problema é que todas elas são legais.

Por outro lado, a tradição da nossa polícia ficou presa entre duas vertentes complicadas, todas as duas voltadas para a manutenção do modelo da pirâmide. Em qualquer lugar do mundo a polícia faz três coisas basicamente: ela é um braço armado do Estado para promover e manter a ordem pública, como a contenção de tumultos e manifestações, etc.; é um braço do Estado para investigar infrações cometidas; e é uma função do Estado para negociar a ordem pública. A nossa polícia ficou presa às duas primeiras vertentes. A vertente militar, que é essa de braço armado do Estado para combater o inimigo, porque o conflito naquela pirâmide é altamente indesejado, então é essa coisa de destruir, de erradicar os criminosos, erradicar o tráfico de drogas, erradicar o outro. É uma coisa pré-durkeimiana. Porque Durkeim já dizia que todas as sociedades tinham sua patologia, que é o que permite a afirmação de sua normalidade. Isso por volta do final do século XIX! A outra é a vertente punitiva. Quando você diz que tem que punir aqueles que cometeram o crime, você está propondo uma ação depois do fato. Você age investigando e procurando os criminosos para puni-los, não para controlá-los ou incluí-los na ordem, mas para segregá-los e puni-los. E, como vimos, quando se trata do "baixo povo", nem a prisão é uma punição adequada, pois se representa esse segmento da população como não sendo portador de liberdade. Esta estratégia policial colabora, assim, fortemente, para que a população não internalize as regras, como nos sistemas disciplinares, em que as regras são a favor dos cidadãos mas, sim, internalize a hierarquia, porque o que importa não são as regras, mas a interpretação desigual para a sua aplicação, desigualmente aos desiguais.

A nossa polícia trabalha com duas referências que são inadequadas, porque essa negociação da ordem pública é que é a parte fundamental em uma sociedade democrática e esse papel ficou escondido. E, escondido, fica desvalorizado. O que é valorizado são os tiroteios, as apreensões, isso é que vale. O que o policial mais faz no dia-a-dia, que é, exatamente, negociar a ordem pública, isso é desvalorizado. Porque o sistema jurídico e a sociedade não pensam essa tarefa como valiosa. Querem que a polícia recupere a ordem onde tem conflito, a mesma ordem, não tente criar uma ordem diferente, mais consensual.

O espaço público, assim, nunca é visto como um espaço coletivo, onde os indivíduos normalizados deveriam conviver disciplinadamente, na defesa ordenada de seus interesses de acordo com as regras que eles mesmos instituíram, mas um espaço vazio, quando muito estatal, onde todos podem fazer de tudo até uma ordem, ou uma interpretação, em contrário: falar alto, cuspir, jogar papel no chão, fazer xixi, etc. O que parece àqueles indivíduos normalizados, disciplinados voluntariamente, da Nova Inglaterra, um horror! E nada mais "natural" que atribuir essas diferentes qualificações do espaço público à natureza, à raça, à miscigenação, que atestam a impossibilidade de educação desse povinho ruim, que habita *down there*...

É isso o que eu tinha a dizer por enquanto, muito obrigado.

A POLÍCIA: DIREITOS HUMANOS EM UM ESPAÇO DE CONTRADIÇÕES SOCIAIS

Santiago Villaveces-Izquierdo

(Antropólogo, professor visitante do Depto. de Ciências Sociais da UERJ)

Já que também parto de uma perspectiva antropológica, sairei de duas questões preliminares para falar sobre a questão da polícia e das instituições legais. A primeira é entender que a polícia, como qualquer instituição – incluindo as judiciárias –, está situada em um dos lugares onde a cultura é enunciada. Quero dizer, as instituições do estado são lugares onde a cultura é produzida, não só reproduzida. Desta forma, podemos falar das instituições, como da polícia, como espaços onde as contradições sociais são atualizadas performaticamente, ou seja, de maneira dinâmica e constante. Isso é um primeiro ponto. A polícia, como qualquer outra instituição, é também um lugar com características performáticas, e dentro dessa característica é próprio que exista também uma função interpretativa. Mas não é uma função interpretativa só das leis, é uma função interpretativa da cultura própria da sociedade da qual essa instituição faz parte. A polícia como instituição e o policial como sujeito então não são só produtos da cultura, como também *brokers* de cultura, agentes com uma enorme função interpretativa. E aí eu quero enfatizar que, como locus de enunciação e interpretação, as instituições públicas estão atravessadas totalmente pelas contradições, ambigüidades, paradoxos, autoritarismos e exclusões próprias da sociedade.

Partindo desses dois comentários, vou falar de 5 pontos diferentes e complementares:

O primeiro ponto é definido pelas áreas cinzas constituídas a partir dos modelos apresentados pelo Roberto Kant, pensando mais especificamente na atividade policial. Em ambos os modelos por ele apresentados, você tem mundos do crime subterrâneos que estão além de suas ordens, que devem ser contidos. E esses mundos não têm uma fronteira muito clara. Então, é aí que você tem uma permeabilidade dos sistemas judiciais. Há então, a partir daí, esse caos, essa lógica do crime. Essa é uma área totalmente cinza. Mas o que acontece no modelo do paralelepípedo demonstrado por Kant é que essa fronteira, essa área cinza, é horizontal, tem uma série de regulações sociais que faz com que se tenha uma coerção social para que essa fronteira não contamine todas as outras partes. Nos modelos da América Latina existem essas fronteiras horizontais, em menor ou maior grau, mas também existe uma verticalidade. Nesses casos, a área cinza horizontal coexiste com uma área cinza vertical. É essa coexistência que faz com que a convivência social seja regulada por paradoxos naturalizados, vividos e recriados não só através da hierarquia (área cinza da horizontalidade) como também por ambigüidades que atravessam o sistema hierárquico (área cinza vertical).

O segundo ponto que eu quero levantar é a questão da visibilidade e da invisibilidade. Aparentemente, ou melhor, retoricamente, vivemos em um sistema onde a lei é para todo mundo, há uma horizontalidade aparente. Simultaneamente, na prática cotidiana, isso não acontece, o que é uma coisa que tem uma característica muito paradoxal. Na retórica temos essa aparente horizontalidade, mas na prática se tem exatamente o modelo oposto. E é uma sociedade piramidal, hierarquizada, como qualquer sociedade latino-americana. Este paradoxo é totalmente democrático. E por isso as fronteiras, essa área cinza, são constituídas de forma vertical, e não horizontal. Porque esse paradoxo está totalmente democratizado. A gente vive com esse paradoxo e aceita. Todo mundo naturaliza esse paradoxo. E, justamente por isso, a naturalização desse paradoxo é constituída por resoluções de conflitos extremamente violentas, extremamente autoritárias, extremamente particularizadas. Como Roberto Kant afirmou, para dar um exemplo, basta lembrar o caso do ônibus 174[1]. Nesse caso, temos a possibilidade de percebemos tudo isto de um jeito mais óbvio, pela televisão, dessa enorme contradição. O policial foi punido, não porque fez uma coisa errada, mas porque fez isso de um modo visível. O problema é a visibilidade, e não o fato. Estou falando isso porque, quando você tem essa contradição visível, é óbvio que essa fronteira cinza é vertical. Se fosse horizontal, essa visibilidade não seria o problema, mas sim o fato.

O terceiro ponto, que está obviamente ligado com essa estranha coexistência dessas duas ordens, é a ambigüidade do sujeito – estou pensando no sujeito policial –, a ambigüidade justamente por viver dentro dessa contradição. Mais justamente porque é uma pessoa que encarna nele mesmo essa

[1] Refere-se ao assalto de um ônibus, seguido de morte da refém e do assaltante, na zona sul do Rio de Janeiro, em junho de 2000.

contradição. Ele tem que operar simultaneamente em duas ordens, que são absolutamente incompatíveis. Uma explicação ou uma sugestão que eu teria de tudo isso vai mais para esse lado da comparação. E aqui eu gostaria mais de deslocar os pontos de comparação que o professor Roberto Kant fez, no seguinte sentido: eu acho que, como ele falou, esta formação, este grande paradoxo, que atravessa totalmente a sociedade, não só as instituições, como a sociedade mesmo, tem a ver com os legados de nossos países, desde os Tribunais da Santa Inquisição, claro, mas também com a forma como fomos colonizados e como foram constituídos os Estados Nacionais. Então, quando a gente começa a falar da formação do Estado, como é que nós temos essas construções tão paradoxais, é muito interessante deslocar a comparação para lugares que tenham esse mesmo tipo de origem. Por exemplo, é muito interessante fazer comparações entre diferentes polícias dentro da América Latina. Porque aí estamos pegando justamente as diferentes manifestações que vêm quase que de um modelo de formação do Estado muito particular. É um elo que tem uma herança autoritária incrivelmente forte, uma herança que vem dos tempos da colônia. Uma herança que, como o professor Kant falou, também tem essa conexão com a Inquisição. Eu acho que esse deslocamento da comparação possibilitaria começarmos a pensar mais criticamente a formação do Estado que nós temos. Não um Estado que tem que ser como o Estado americano, que tem que ser como o Estado inglês, como o francês, porque nunca vai ser. É um Estado que tem contradições que aqueles nunca tiveram. É um Estado híbrido, mestiço, com um legado colonial fortíssimo.

Este então seria o quarto ponto, que justifica o deslocamento da comparação. Acho que a comparação com outros lugares diferentes tem outros elementos incrivelmente valiosos. Mas aqui estou querendo enfatizar que é muito importante não esquecer a comparação com países que têm a formação de Estado muito mais próxima à formação do Estado brasileiro, que é absolutamente crítica também. Estou pensando nos estados da América hispana, nos estados com herança lusitana, nos estados africanos. Acho que já é tempo de começarmos a deslocar as comparações com sociedades ocidentais com lógicas colonialistas (penso na Europa e Estados Unidos) para aquelas formadas como expansões dessas lógicas. Quer dizer, é urgente recuperar a dimensão comparativa com sociedades "pós-coloniais", no sentido de sociedades estruturadas sobre regimes que, ainda hoje, fundamentam-se em traços de autoritarismo, exclusão e intolerância próprios de nossas culturas-mães.

Finalmente, eu queria fazer mais um comentário muito mais inspirado nestes encontros que vocês têm aqui sobre direitos humanos, pela seguinte perspectiva: dentro de tudo isso tem de existir o exercício intelectual, crítico.

O que tem tudo o que foi tratado aqui a ver isso com o exercício intelectual? Sobre isso gostaria de fazer duas anotações. Uma, que acho que seria muito mais dentro do campo que a gente poderia chamar de crítica cultural, é justamente a enorme importância – e mesmo a necessidade – que temos de constituir para visibilizar esse monstro. Porque estamos trabalhando no interior da lógica deste mostro, que certamente não é uma coisa certinha, construída e funcionando metodicamente.

E um segundo ponto é referente ao que um antigo professor meu chamava de ativismo circunstancial [2], pelo qual ele propunha que nós poderíamos ter alianças circunstanciais, com agentes, com sujeitos, com movimentos sociais, que na prática articulam um olhar muito inspirado em um mal-estar profundo por estarmos vivendo justamente no interior desse paradoxo. Uma cumplicidade não por estarem observando esse paradoxo, mas de serem sujeitos que estão sendo construídos dentro desse paradoxo. Isso, quando é sustentado no tempo, cria um mal-estar terrível, porque se vive constantemente uma contradição absoluta. Então eu acho que pode ser dentro dessas mesmas instituições que fazem parte desses monstros que, afortunadamente, podemos construir espaços, grupos, lugares, onde têm sujeitos que estão sendo mobilizados por esse profundo mal-estar. E aí há essa ligação da atividade intelectual com esse tipo de agente, e é isto o que podemos chamar de ativismo circunstancial. Esta questão é absolutamente necessária para podermos realmente começar a falar sobre os direitos humanos, do que é uma polícia menos bárbara, do que é um sistema policial menos injusto, de percebermos o problema dos direitos humanos como um problema da sociedade – e não só de algumas instituições "disfuncionais" ou "anômalas", etc.

Minha atual pesquisa tenta abordar essas questões. Estou trabalhando com diferentes patentes dentro da polícia militar, pessoas entre 20 e 25 anos, dentro da instituição, tentando olhar como é essa experiência de ser policial. Como é que eles estão articulando, narrando essa vivência dentro desse paradoxo. E aí é muito interessante porque aquele comentário que eu estava fazendo há pouco, a respeito da área cinza vertical, está inspirado no que eu estou encontrando na minha pesquisa. Porque você tem dentro dessas patentes todo um sistema hierárquico da polícia militar. Você tem um coronel que nada tem a ver com o sargento. Mas dentro das histórias que eles estão me relatando de sua vivência institucional, todos têm muitas histórias sobre a vida dentro desse paradoxo. Com certeza alguns depoimentos resolvem esse

---

2 George Marcus, em seu *Ethnography trough thick & thin*. Princeton, Princeton University Press, 1998.

paradoxo de um jeito mais naturalizado – "tem que matar! Tem que fazer assim mesmo!" – e todo aquele papo que a gente já conhece. Mas dentro dessas patentes maiores, você tem também vivências dessas histórias que falam de um jeito muito intenso do que é vivido. De quem tem um mal-estar imenso por viver dentro desse paradoxo. Eu acho que quando eu estava falando de ativismo circunstancial, estava falando de dar uma outra nuança, diferente àquela atividade de pesquisa. Não é só conhecer, não é só visibilizar, mas é também abrir a possibilidade de criar alianças que, sem dúvida, são totalmente circunstanciais.

NÓS E ELES: DIREITOS HUMANOS, A POLÍCIA E A VISÃO DICOTÔMICA DA SOCIEDADE

Ignácio Cano

(Sociólogo, professor da UERJ)

Quando falamos de Direitos Humanos, sempre mencionamos que direitos humanos não são só os direitos civis e políticos, como também os direitos sociais, econômicos e culturais. No entanto, o panorama dos direitos humanos é tão trágico no Brasil que acabamos nos concentrando nos direitos mais básicos: direito à vida, à integridade física, etc. Obviamente, todos os direitos estão vinculados – não é casualidade que as violações dos direitos civis fundamentais aconteçam particularmente contra pessoas que já tiveram seus direitos socioeconômicos violados há muito tempo. Assim, a vinculação é clara, embora o trabalho fundamental esteja concentrado nos direitos civis mais básicos.

O que os defensores dos direitos humanos propomos, fundamentalmente, é que a lei seja cumprida, o que não acontece hoje no Brasil. *O Globo* de 17/10/2000 contém um artigo de um velho conhecido nosso, um oficial da PM da linha dura, dizendo que o problema da violência, especialmente contra os policiais, é que existe "muita compaixão com os bandidos". Então, o nosso problema seria a compaixão. No entanto, somos um país onde o número de pessoas mortas pela polícia é provavelmente o mais alto do mundo. Temos uma tradição de confronto armado, em favelas particularmente. Os dados mostram que a polícia do Rio chegou a matar, durante vários anos, em média, uma pessoa por dia. Mas o nosso problema seria a compaixão que temos pelos bandidos... Basta olharmos para a dramática situação dentro das prisões, enfim, tudo demonstra "compaixão pelos bandidos", segundo esse tenente da PM.

O Comandante da PM do Rio, Wilton Ribeiro, declarou recentemente, para responder às mortes dos policiais, que para cada policial morto ia ter um bandido morto. De fato, já tem muitos bandidos mortos para cada policial morto. Esse apelo à vingança mais primitiva contribui para a reprodução da espiral de violência, cada vez mais intensa. A melhor maneira de garantir a violência contra os policiais é dizer estas coisas que o comandante disse. Essa é a atitude de muitas autoridades.

Outra matéria de imprensa mostrava o treinamento de integrantes do BOPE num curso de sobrevivência na floresta amazônica. Nesse curso, os policiais recebiam, entre outras coisas, tapas na cara. O artigo explicava que o policial ia compreender, ao fim do curso, a utilidade desses tapas na cara para a sua função policial. Mas se queremos que os policiais tratem o cidadão como tal, obviamente os tapas na cara não serão um estímulo muito positivo.

O chefe de polícia civil do Rio na época disse, por conta da saída do antropólogo Luiz Eduardo Soares do governo, que nesse momento a polícia ia "deslanchar" porque acabavam "esses caras que só falam em direitos humanos". Tratava-se de um chefe de polícia civil que era suspeito de várias acusações que não foram devidamente investigadas até agora. A Comissão "Mãos Limpas", que investigava estas acusações, declarou que não tinha os instrumentos para tanto, e repassou o caso para a Justiça comum. Ora, se esta comissão que deveria investigar as suspeitas contra autoridades supostamente ligadas ao crime não tinha poder desde o começo, então por que foi convocada uma comissão assim? Quando a atenção da imprensa cair, é provável que tal comissão seja dissolvida sem investigar estas acusações até o final.

Em suma, temos sérios problemas de violações aos direitos humanos, apesar da importante contribuição de um grupo de pessoas que, no Legislativo e no Executivo, estão tentando melhorar a situação. Há um paradigma de guerra bélica permanente, de combate ao inimigo sempre interno. Há uma militarização muito grande. O secretário de Segurança do Rio, em 1998, disse, quando lhe perguntaram sobre o elevado número de civis mortos pela polícia: "nós estamos agindo com energia, e nossa mensagem para os bandidos é que entreguem as armas porque estão sofrendo muitas baixas." Esta é uma visão de um general se dirigindo ao general do exército inimigo. "Se renda que nós vamos acabar com você! Você vai ser derrotado!" Só que não existe esse outro general inimigo e, portanto, a rendição é impossível. Não tem um exército organizado, o crime é muito pulverizado. Segurança pública não é guerra. De qualquer forma, nem na guerra se pode tudo: a guerra também tem normas. Por outro lado, a grande maioria das "figuras" do crime que são presas são figuras menores, com poder reduzido, que nunca poderiam ser equiparadas a um general, nem metaforicamente. E são apresentados como grandes tubarões que enchem o mundo de violência.

Quando se pensa em violações aos direitos humanos, mesmo aos mais básicos, é importante não pensar só em polícia. Às vezes parece que só o policial da ponta é responsável. O delegado não tem culpa de nada, o promotor muito menos, e o juiz nem se fala. Só que nós temos, por exemplo, documentados vários casos de execução (com disparos à queima-roupa, balas nas costas, etc.) que o promotor manda arquivar e o juiz aceita. No nosso sistema judiciário, se o promotor não colaborar, nada pode ser feito. Os promotores e os juizes que pedem e aceitam esses arquivamentos são tão culpados quanto os policiais pela situação atual. E eles não podem tentar se justificar nos baixos salários e nas difíceis condições de trabalho, como os policiais. Está na hora de ressaltar a responsabilidade desses setores sociais, dessas instituições, que têm também uma grande culpa da situação e que aparecem alheios ao problema.

Na minha avaliação, o principal problema do Brasil em relação aos direitos humanos pode ser resumido na percepção dicotômica da sociedade. Ela é dividida em dois: eles e nós. Os cidadãos ordeiros e os bandidos. Essa visão atinge todos os aspectos da realidade e, entre eles, também a segurança pública. Assim, como estamos em guerra contra eles, vale tudo porque são inimigos contra os quais temos de nos defender. Portanto, não existe limite para a nossa ação. É só pensarmos que as pesquisas demonstram que existe todo um setor da população que apóia a tortura, que apóia a brutalidade e o extermínio.

Poderíamos pensar então, a partir de uma visão do exterior, que essas pessoas são monstruosas, mas não é essa a explicação. Se essas pessoas morassem na Suíça, não iriam defender que crianças fossem assassinadas nas ruas. O que acontece aqui é que essas pessoas pertencem aos setores sociais que possuem uma percepção de ameaça muito forte. A partir dessa ameaça, assumem esse discurso autoritário e acham que têm de se defender contra o seu inimigo social, contra essas classes perigosas. No entanto, se essas pessoas morassem num contexto social diferente, não iriam defender a tortura nem o extermínio, porque não são realmente monstros no sentido individual, mas moram num contexto social que permite e, inclusive, potencializa esse tipo de atitude.

Os direitos humanos são percebidos por muitos como um luxo, portanto, só para aqueles países que podem dar-se a esse luxo. Essa concepção existe também em outros países. Por exemplo, na América Central, as pesquisas em que participei mostravam que as elites autoritárias também compartilhavam dessa mesma visão. Os direitos humanos ainda são percebidos no Brasil como algo que atrapalha o combate contra o crime. A polícia vê os direitos humanos como limite e não como objetivo do seu trabalho. Cumprir os direitos humanos é cumprir a lei, cumprir a lei é a função da polícia. Então, há uma contradição interna quando os chefes de polícia civil dizem que esses caras dos direitos humanos estão atrapalhando a polícia. O trabalho da polícia é justamente preservar a lei.

Na minha opinião, os direitos humanos acabam não se implantando no Brasil, entre outras coisas, por uma rejeição da mesma noção universalista dos direitos. No contexto cultural que valoriza as relações pessoais, onde "você não sabe com quem está falando", é difícil recuperar essa noção de direito universal. Quando se fala de direitos humanos, a resposta imediata nesse setor é: "espera aí, direito de quem? Dos bandidos ou o nosso?" Essa mentalidade é refratária à noção do universalismo, porque precisa particularizar o direito de alguém: deles ou nosso. Inclusive, muitas pessoas que possuem essa visão têm os seus direitos violados. Ainda assim, elas não conseguem incorporar essa noção universal e perceber que o direito do outro é o seu direito também. No dia em que a polícia respeitar uma pessoa na favela, um criminoso ou suspeito na favela, os policiais terão muito mais chance de ter os seus direitos preservados. É fundamental difundir a idéia de que os direitos humanos podem, de fato, proteger todo mundo, inclusive aquelas pessoas que acham que os direitos humanos são direitos dos outros.

Nos deparamos com uma situação grave em que muitas das vítimas interiorizam os valores de seus agressores. Temos certeza, e isto não é nenhuma novidade, de que a forma de controle social numa prisão é o "pau". Mas há muitos prisioneiros que aceitam isso como aceitável, que apanham após uma tentativa de fuga e acham que isso é normal. Lembro uma audiência na Assembléia Legislativa do Rio sobre violência policial em que o presidente da Comissão perguntou a uma senhora cujo filho tinha sido torturado: "O seu filho estava envolvido em crime?' E ela : "Não, não.... o meu filho, não!" "O seu filho era viciado?" "Não, imagine!"

Quem estava perguntando tinha as melhores intenções, mas a mensagem implícita era: se o seu filho estivesse envolvido nesse tipo de coisa, então a situação seria diferente e a rejeição a este tipo de comportamento muito menor. É a tortura de um "inocente" que constitui a peça central do escândalo. Não existe, mais uma vez, essa noção universal, muitas vítimas interiorizam a própria punição. Você pode ler depoimentos dizendo: "o meu filho foi tratado como um marginal ou como um viciado; foi tratado como um bandido!" "Eu não sou bandido, eu sou trabalhador." Se a pessoa comprovar que é "trabalhador", passa a ter direitos, mas se não puder comprovar, eles não existem. Assim, a luta da vítima não é para alcançar esse patamar de universalidade, mas para provar que ela, como pessoa de bem, escapa à punição devida aos criminosos.

Nós temos também escândalos corriqueiros, invisíveis. Por exemplo, a prisão especial. Quando viajo para o exterior e explico que no Brasil, se você tem curso superior, você tem direito à prisão especial, as pessoas não acreditam que isto esteja dentro da lei. O curso superior é um eufemismo para a classe social. A lei não ousou dizer que se você é rico (na verdade a intenção é essa), mesmo sendo criminoso, você não se enquadra com aquele sujeito lá. Você não pode ir para um lugar sujo, superlotado, imagine como você vai se juntar àquele pessoal. Você pode ler os jornais, por exemplo, dizendo: "o jogador Edmundo foi acusado e, como não tem curso superior [coitado], vai ter que ir para a prisão comum" É essa a sensação de surpresa que provoca uma pessoa rica entrando numa prisão comum. Os privilégios da prisão especial são um escândalo gigantesco, algo que fere o princípio de igualdade. Porém, muitos advogados defendem sistematicamente a manutenção desse regime porque tem benefícios para eles, porque seus clientes não vão ser enviados àquela prisão horrorosa.

Em suma, nós também estamos lutando contra um inimigo interno, contra a parte da sociedade que pensa que os direitos humanos "só servem para defender os bandidos". Após o caso do ônibus do 174[1], o *Jornal do Brasil* publicou pequenos depoimentos de leitores, respondendo a perguntas do jornal. Uma delas foi: "Você acha que o que a polícia fez com o seqüestrador foi justificado?" A grande maioria das respostas era: sim! E muitas delas eram muito interessantes, porque mostravam essa contradição que essas pessoas vivem: por um lado apóiam o extermínio, por outro reconhecem que isso "não pega bem".

Em um país que aspira à modernidade, ao primeiro mundo, convive-se mal com essa imagem de brutalidade, de descumprimento sistemático da lei. Então, essas pessoas experimentam um conflito pessoal entre essas aspirações a um mundo civilizado, onde a lei seja cumprida, e os seus impulsos no mundo atual. Esses cidadãos têm consciência de que eles mesmos são muitas vezes vítimas do desrespeito às leis, mas, por outro lado, apóiam o descumprimento da lei como uma forma de se defender contra os seus inimigos internos.

Existe essa duplicidade entre uma imagem ideal e uma atitude interna, entre um código formal e uma realidade que muitos brasileiros vivem no seu dia-a-dia. Mais uma vez, o que pedimos é que se cumpra a lei. Quando se fala de direitos humanos parece que está se falando de uma nova lei, mas a lei

[1] Refere-se ao assalto de um ônibus, seguido de morte da refém e do assaltante, na zona sul do Rio de Janeiro, em junho de 2000.

nunca permitiu torturar e executar. Nós temos que frisar essa contradição e perguntar a essas pessoas se querem optar por uma sociedade sem lei, sem controle formal, onde a vingança e a justiça pelas próprias mãos sejam a norma, e, caso afirmativo, exigir dessas pessoas que reconheçam que estão favorecendo isso em lugar de uma sociedade moderna dentro de um Estado de Direitos. É preciso desafiá-las a que façam a sua escolha e que a assumam.

Curiosamente, os que pensam que os direitos humanos são um dos luxos do primeiro mundo esquecem que nos países industrializados também há violações. Na Espanha, por exemplo, o governo organizou e financiou um grupo terrorista nos anos 80 para matar suspeitos na França. Mataram 27 pessoas. Evidentemente, o nível de violações não é igual em todos os países, e não é o mesmo morar na Dinamarca e no Afeganistão. Mas a luta pelos direitos humanos é uma luta constante e sem final.

Embora exista um viés de classe muito forte, que faz com que as violações aconteçam fundamentalmente contra pessoas de classe baixa, não é menos verdade que mesmo as pessoas de classe média, ou média alta, também têm os seus direitos violados de uma ou outra forma. Em conseqüência, é preciso fomentar alianças com essas classes médias em prol de mudanças profundas. Se nós tentarmos mudar só a partir das vítimas mais freqüentes, dos excluídos, não teremos o mesmo respaldo social. A morte de um favelado ocupa um pequeno espaço na mídia, salvo exceções. É estrategicamente crucial criar alianças, para que a plataforma pela mudança seja mais ampla do que é hoje em dia.

CIDADE DE DEUS: TRÁFICO, COMUNIDADE E CONSCIÊNCIA POLÍTICA

Paulo Lins
(Escritor)

Estou trabalhando com literatura. Eu não sou sociólogo, eu não sou antropólogo, eu sou envolvido com cinema, com literatura e com poesia. Eu estou aqui para falar de comunidade, porque eu escrevi um livro chamado "Cidade de Deus", que é a história do crime e da criminalidade ao longo de 30 anos, do início do bairro homônimo. Isso porque ele é um bairro que foi formado, foi feito, não nasceu de uma hora para a outra. A gente chama de neofavela, a nova favela. Eu fui para lá pequeno, cresci lá, passei uns 25 anos morando nesse bairro, nesse conjunto habitacional. Quando eu estava na faculdade, já nos anos 80, a professora Alba Zaluar me chamou para fazer etnografia, chamaram 5 universitários para fazer este trabalho de pesquisa de campo. Como o objeto de pesquisa era perigoso, de risco, era do interesse dela que fossem pessoas que morassem na comunidade, que tivessem certa ligação com o pessoal do crime. O nome do projeto era "Crime e criminalidade nas camadas populares".

Nos anos 80, o Brasil estava passando por sérias transformações na minha área, que era a área da poesia, foi o boom da poesia. Muita gente fazendo poesia, muita gente publicando poesia, muita gente lendo poesia. Aparecem as Associações de Moradores. Foi uma coisa fantástica, aquela época, movimento negro...

A Alba desenvolvia o projeto da tese de doutorado dela. E eu fui trabalhar com ela, para arrumar uma grana, porque eu estava duro. Era universitário, acreditava na poesia, morava lá. "Tem que ser da Cidade de Deus." "Eu estou nessa!" Era iniciação científica. Eu era da graduação ainda. E eu sem grana, vivendo de poesia, "vou fazer este trabalho". Acabou que eu fiquei 10 anos trabalhando com ela. Saiu esse livro, e até hoje eu estou nessa de trabalhar com criminalidade, que foi uma coisa que veio sem eu procurar. Acreditava na poesia, na poesia independente, fazia cartão com poesia e vendia de bar em bar. Era o que a gente fazia. Trabalhando para ela, mesmo eu fazendo as entrevistas, podia continuar me dedicando a poesia.

O interessante era que mesmo eu morando ali, não sei entre quantos mil habitantes, mais de cem mil habitantes, na época, havia coisas da criminalidade que eu desconhecia, que eu não sabia, e que me apareceram depois da pesquisa etnográfica. Eu comecei a pesquisar mais, depois eu consegui um trabalho, comecei a dar aula. Mas mesmo assim não consegui sair do projeto. Mesmo para ajudar a causa científica, o estudo, a pesquisa. Então eu continuei fazendo, não com interesse de virar antropólogo – que ela queria que eu virasse antropólogo – pois minha coisa é literatura.

Um dia ela disse: "você tem que escrever alguma coisa, porque você só colhe material". Eu entrevistei quase 120 pessoas na Cidade de Deus, 80 nas cadeias, e não escrevia nada. Meu relatório era "fiz isso, fiz aquilo", não era um relatório acadêmico. "Eu posso fazer um poema, porque escrever sociologia eu não sei". Fiz o poema, ela publicou, mandou para São Paulo, revista "Novos Estudos – CEBRAP", uma revista interessante, que ainda existe. Em 89, o Roberto Schwarcz, que é um crítico, cronista e sociólogo, disse que queria que eu escrevesse mais sobre esse assunto, assim com um olhar interno. "Quer escrever um romance?", perguntou ele. Eu aceitei, "vou escrever o romance", e fui para casa.

Eu nunca começava a escrever o romance. Então comecei a fazer mais entrevistas. Larguei tudo, comecei a viver só do projeto. Comecei a entrevistar muito mais para o livro propriamente dito, meu trabalho, do que para a pesquisa mesmo. A diferença é que, na pesquisa, as entrevistas que eu fazia vinham com 10 questões. Era um pensamento sempre em torno de alguma coisa desse mundo. Eram sobre a polícia, sobre o crime. "O que é o crime? O que você pensa disso? Por que você entrou no crime?" Eram perguntas objetivas.

No meu caso não, eu queria saber a história do sujeito. Eu queria uma outra espécie de etnografia – estou abrindo um parêntese porque eu agora estou fazendo etnografia para cinema, estou trabalhando com cinema, estou fazendo roteiro para cinema – e você fazer etnografia para pesquisa científica é uma coisa, para cinema é outra e para literatura é ainda muito mais complicado.

Quando comecei a escrever, eu não sabia no que ia dar. Eu não sabia que o livro que eu estava escrevendo ia ter 500 páginas. Tinha que escrever sobre a Cidade de Deus de forma literária, porque assumi isso, assumi que ia fazer literatura. Então o material colhido eram histórias. Saber de histórias e revelar essas histórias de quem vive ali. De quem viveu ali, de quem passou por aquilo.

Estava complicado para saber a forma que eu ia dar. Estava numa época da poesia, poesia, poesia concreta, que era a poesia de vanguarda. E tudo que era novo, era interessante. Tinha que se mudar. Era a época das mudanças, era a época de Baudelaire, de Mallarmé. As traduções de Augusto Campos, de Haroldo de Campos, esse pessoal que mudou tragicamente a poesia no Brasil há 40 anos. Queira ou não queira, a poesia concreta estava influenciando os novos poetas. Eu não sabia como fazer esse romance. Os meus amigos poetas diziam "faz um romance só com números. Faz com fotografias...", mas eu pensei, "vou ficar na minha, vou fazer uma coisa bem simples. Vou voltar à tradição."

Eu achei que a melhor forma de relatar o que acontecia na Cidade de Deus, com as pessoas envolvidas no crime, era transcrever ao máximo a fala dessas pessoas. Até o narrador vai ter a mesma fala. Isso aí não é linguagem. A linguagem é outra coisa, é a da fala. Então, o romance é muito mais feito através de diálogos. O narrador se mistura entre a linguagem culta (distensa), mas entra pelo coloquial (distenso) e, vamos dizer, regional. Por causa das gírias e de todo um conjunto de expressões que vão formar a linguagem do favelado aqui no Rio de Janeiro, que agora está muito próximo de São Paulo. Eu estive lá em Capão Redondo, com o pessoal do Racionais, com o Ferrez. A linguagem carioca, da malandragem carioca e da malandragem paulista, é quase a mesma coisa.

Mas vamos falar de comunidade, a questão é comunidade, de como o livro trata da comunidade. Eu comecei a escrever, não em 80, o livro acaba em 80 e começa nos anos 60. Eu não chego até o Comando Vermelho. O Comando Vermelho aparece no livro, mas é no finalzinho. É o começo e o fim da malandragem porca, como a gente chamava. Porque queira ou não queira, quem mora na favela tem uma ligação quase que direta com a criminalidade. De qualquer maneira tem que seguir as leis que hoje o tráfico impõe. Atualmente aparece na mídia, mas o pessoal da violência, das armas na mão, sempre ditou as ordens, sempre teve seus códigos, sempre teve as normas que hoje aparecem aí e todo mundo sabe.

Antes dos anos 80, já quando eu ganhei anistia, a criminalidade no morro era muito restrita. Ela não saía. Saía do morro, mas era muito pouco. O cidadão hoje sofre muito menos que há 30 anos. Antigamente, o primeiro a ser atingido pela criminalidade era o vizinho. Roubavam o vizinho. Estupravam. Havia rixas. Tudo acontecia ali, ninguém saía da favela. Aqui no São Carlos, por exemplo, tinha bandidos, o Charlão, que o Jorge Ben canta, o Charles anjo 45, ele nunca tinha descido no asfalto. E na Cidade de Deus, havia uns 10 bandidos que nunca saíram de lá. Viraram bandido aos 9 anos, e depois nunca mais saíram da Cidade de Deus. Viveram 8, 10 anos sem sair do bairro.

Nos anos 80, essa malandragem, o Zé Pequeno, por exemplo, que é personagem do meu livro, eles eram independentes, faziam o que queriam, não tinham uma organização. Eu não estou exaltando o Comando Vermelho, nem vou exaltar as facções, mas é fato, isso aconteceu, e nós vamos contar o que aconteceu. Depois do envolvimento na Ilha Grande, aqui no Galpão, na Frei Caneca, o envolvimento do pessoal da luta armada com a criminalidade foi por osmose. A criminalidade na favela mudou muito, e para o morador a situação melhorou. A gente pode dizer que hoje a pessoa envolvida no tráfico tem muito mais consciência política do que há vinte, trinta anos.

Eu vou defender uma posição que eu sei que é polêmica, mas vou defender. Hoje o tráfico fica fora da comunidade, é muito mais fácil você vender drogas do que você assaltar. Assaltar é muito mais difícil. Porque vender drogas, o cara está parado, está no lugar dele, e é aquele negócio: compra quem quer. A classe média é que fortaleceu isso. A classe média é que vai lá comprar. Fortaleceu e deu poder ao tráfico de drogas. Mas em contrapartida, uma coisa que é forte – correndo em paralelo com a criminalidade – nos anos 80, depois da anistia, teve uma explosão muito grande, não só política, mas cultural também, como já falei, da poesia, do movimento negro, da Associação de Moradores, que foi muito importante naquela época, que se diluiu, que não é mais como era antes. Primeiro, pelo ponto de vista político, depois que as associações cresceram, viraram trampolim para candidato, e, mais tarde, o tráfico também...

O que eu vejo hoje, que acontece, o Marcelo Yuca, que foi baleado porque tentou evitar um assalto. Também não sei bem essa história, se ele tentou fugir... mas de qualquer forma, foi baleado. No ano passado, na Tijuca, houve 5 assaltos, 12 mortos. Antigamente, o cara assaltava uma pessoa e deixava o dinheiro da passagem. O assaltante assaltava e deixava o dinheiro da passagem e os documentos. Isso era praxe. O cara assaltava, você pedia "deixa o da passagem aí e os documentos" e o cara deixava. Hoje o pessoal mata com requintes de crueldade.

Quando eu fui fazer a pesquisa, o João Moreira Sales estava fazendo aquele vídeo "Notícias de uma guerra particular". Eu estive no Santa Marta, porque me chamaram, me obrigaram a ir lá. O Marcinho VP leu meu livro, achou meu telefone e me ligou, queria que eu fosse lá. Foi a coisa mais espantosa da minha vida. Eu ia subindo o morro, e ele botou umas 30 ou 40 pessoas, lendo o meu livro. Ele lendo em voz alta, todo mundo armado. Eu falei (rindo) "Nossa Senhora! O que é isso?!" E quando eu estava lá, vi livros, "A guerrilha vista por dentro", livros de política, Machado de Assis. Eu não sei se ele leu tudo, mas falava do que ele estava vendo, o que ia acontecer com a criminalidade.

Para você ter uma idéia, foram assaltar aqui em Santa Teresa, onde eu moro. Um amigo meu, que também é do Rappa, o Falcão, estava lá, atiraram contra ele. Eram 10 meninos, cada um com duas pistolas de 15 tiros cada uma, 9 DPK, novinha, brilhando. Veja bem, cada pessoa tinha 30 tiros, então eram 300 balas. E isso, essa venda de arma, depois que o tráfico cresceu, não precisa mais. É uma loucura o que existe de arma dentro das favelas, de AR15, de fuzil, granada, metralhadora... tem um arsenal muito grande, e na mão de criança.

Hoje eu estou vendo os movimentos sociais das pessoas que moram nas favelas muito diluídos. Geralmente, o tráfico tem uma certa influência, tem um certo domínio. Até os grupos jovens de igreja acabaram. Para onde está indo esse pessoal? Onde os jovens estão fazendo esses movimentos? Eu estou acompanhando de pêrto o Hip Hop, escrevi sobre isso e estou vendo uma contestação muito grande, tudo que a esquerda de 60 e 70 queria, através da música. Tanto é que foram vários músicos expulsos do país, censurados.

O mais engraçado é que esse pessoal que está fazendo Hip Hop são ídolos da própria periferia, coisa que não existia. Você vê o Marcelo D2, um ídolo. Um cara mulato inserido, como o MV Bill, um ídolo da Cidade de Deus. Os Racionais venderam milhões de cópias, e são ídolos que nunca pisaram na grande mídia. Eles não precisam da grande mídia. A semana passada teve uma entrega de prêmio de Hip Hop, aqui no Carlos Gomes, e eu participei, fui convidado para entregar um dos prêmios e vi que havia uma movimentação, uma organização do negro, uma valorização da raça.

Nos anos 80 e 70 era uma alienação muito grande, para você fazer alguma coisa, fazer um trabalho cultural na favela, era muito difícil. Eu fiz o Cine Clube Cidade de Deus, tinha que ter o projetor, passava os filmes. mas houve um erro que eu agora estou descobrindo, revendo isso. A gente pegava e passava os filmes nas escolas e não ia ninguém. Para se fazer uma manifestação para transporte, para saneamento básico, era a coisa mais difícil do mundo. E nos anos 80 isso cresceu. Cresceu tanto que veio a PAPESP, veio essa coisa, muita gente se elegeu em torno disso. Eu conheço. Tem muitos vereadores que foram eleitos em cima das Associações de Moradores, e agora eu vejo isso um pouco mais diluído.

Há muito trabalho. Tem muito trabalho nas comunidades. O pessoal, os artistas fazem. Apesar de todo mundo querer fazer trabalho na Mangueira, porque dá Ibope. A Mangueira tem tudo. A Mangueira é uma maravilha. Todo mundo é mangueirense. Mas existe um trabalho. Sempre quando acontece alguma coisa trágica, alguém faz um trabalho depois. Mas aqui no Centro, eu só vejo trabalho comunitário na Mangueira, que aparece. Nas outras comunidades, não vejo nada. Tem Vigário Geral, que é notícia no mundo todo, mas não tem um trabalho consistente que se possa fazer, que seja interessante para a formação do jovem favelado. Na verdade, o que eu acho é que essa violência toda é muito mais falta de informação do que qualquer outra coisa. Não é falta do que comer, é falta do que consumir. A gente vive nesse mundo consumista, nessa loucura. O sujeito lá de cima vendo passar esses carros do preço de um apartamento. Eu vejo que há um rancor muito grande, um rancor social muito grande.

Agora é assim, "vou sair para matar", é o bonde mal. Sai um carro, com 5 ou 6 pessoas dentro, armadas, e param o trânsito. Mais na zona norte, não aqui na zona sul, no centro, isso é mais para a zona norte, que é sempre onde a coisa fica mais pesada. A zona norte é o lugar onde a violência existe mesmo.

Para ter uma idéia da mídia nos anos 80 e 70, a gente viu várias mortes, eu e o Sussurra, a gente anotava as mortes que a gente via ou ficava sabendo. E foi assim um número de mortes que não saía na mídia. Começou a sair na mídia, e a própria universidade começou a estudar isso com mais ênfase quando a criminalidade desceu, o bonde do mal desceu, a mídia fez aquela propaganda toda, sendo que isso sempre aconteceu. Essa violência sempre aconteceu. Hoje está muito menos. O lugar mais seguro para se morar, quando não se tem guerra, e quando a polícia não vai lá, é o morro. Isso por causa da lei interna, de que eu discordo, mas existe. A lei dá mais segurança para os moradores. A lei da criminalidade. Você pode sair da sua casa e deixar a porta aberta que ninguém vai te roubar. Se roubar, morre. E nas imediações também. Eu morava ali na Boca do Mato, no Lins, morava em baixo do morro dali. Os comerciantes e todo mundo viviam tranqüilos, na boa, uma harmonia tremenda. Quando a polícia ia e não levava dinheiro – porque geralmente se fala assim, a banda podre da polícia é de 30%, mas eu acho que é muito mais – quando não tinha dinheiro, aí saía tiroteio, saía aquela coisa toda...

Mas eu acho que, particularmente, de uns 20 anos para cá, é muita criança envolvida, são muitas crianças. Qualquer ser humano com 10 anos é uma criança, aqui ou em qualquer lugar do mundo, é uma criança. Até com 18 anos ainda não está formado. Eu só vim me tornar adulto agora, depois dos 35 anos. Porque é diferente você ser adolescente. O adolescente, esse ímpeto da adolescência, num lugar que você carece de tudo, que não tem nada, não tem perspectiva nenhuma, não tem formação, não tem nenhum tipo de formação.

Mas quem será que mora na favela? Onde é que moram nossos motoristas de ônibus? Nossas faxineiras, os próprios policiais, pedreiros, garçons... Ou moram muito longe, por exemplo, no bairro de Oswaldo Cruz que ainda é do jeito de uma favela. "Não é favela porque tem saneamento básico, luz, passa ônibus e é pavimentado". Não, Oswaldo Cruz é favela, Inhaúma é favela. É um bairro que o tráfico tomou conta, e as leis que têm no morro da Mangueira, ou na Cidade de Deus, ou em qualquer lugar da Baixada Fluminense, são as mesmas que têm nesses bairros. O Lins está tomado por isso, e é aqui pertinho.

Nos anos 80 parecia que a comunidade ia ser organizada, que ia lutar pelos seus direitos, isso foi acabando, foi minando. O primeiro Comando Vermelho também. Quando o Comando Vermelho surgiu, o pessoal que saiu, o pessoal da anistia, quando ficou o primeiro comando, a história foi belíssima. O Comando Vermelho dentro da cadeia foi belíssimo. Eles conseguiram coisas que preso político não conseguiu. Privilégios. Privilégios não, dignidade. Conseguiram acabar com a pancadaria. E tudo por osmose. O preso político, eu entrevistei vários presos políticos da época, eles não tiveram nenhuma intenção de fazer a cabeça do pessoal, do preso comum. Tanto é que quando a ditadura queria enquadrar todo mundo como preso comum, os presos políticos levantaram um muro dentro da ala C da Ilha Grande. E separou. Separou porque, se enquadrasse, o cara ia ser preso junto com assaltante de banco, junto com seqüestrador...

Aquilo foi aprendido por osmose, esse autoritarismo do criminoso, a lei do mais forte, isso acabou nas cadeias. Hoje, pode-se dizer que não tem mais estupro na cadeia, isso acabou, era comum nesse tempo, a famosa curra. Se chamava curra. Era o nome mais popular. Isso não acontece mais, não existe mais assalto dentro da cadeia, está uma maravilha!

ACARI: A COMUNIDADE, OS SILÊNCIOS E O TERROR

Marcos Alvito
(Antropólogo, professor da UFF)

Em primeiro lugar eu gostaria de agradecer ao convite para estar aqui nessa casa, que é um dos centros mais importantes de pesquisa em ciências sociais. Particularmente, eu me encontro, hoje, em posição bastante difícil, porque, em primeiro lugar, é a posição de fã do Paulo Lins. Mas a dificuldade é não só o fã falar diante da pessoa que admira, como também por eu não ter a experiência que o Paulo tem de viver em comunidade, nascido e criado praticamente 25 anos na Cidade de Deus, que ele conhece não só como morador, mas também como pesquisador.

A minha história é praticamente o inverso. Rapaz de classe média, nascido em Botafogo, embora Flamengo até morrer, e que só aos 35 anos de idade entrou numa favela pela primeira vez. Primeiramente Vigário Geral e depois Acari, onde fiz um trabalho de campo, durante três anos e num período diferente do período relatado pelo Paulo no seu romance. Quando eu entrei em Acari, em 95, desenvolvi minha pesquisa até 98 e fiz uma tese de doutorado chamada "As cores de Acari".

Eu gostaria de relativizar alguns pontos que foram colocados pelo Paulo e polemizar. Por isso eu me encontro numa situação difícil. Particularmente quando ele diz que o morador da favela, hoje, tem mais segurança do que há 20 anos. Há trinta anos talvez, mas há 20, não. Eu já vou explicar mais à frente.

Quando comecei a pesquisa, a única coisa que eu conhecia do Paulo Lins era um artigo que ele publicou – ele diz que não é antropólogo mas publicou um artigo de antropologia – na revista *Religião e Sociedade*, um artigo chamado "Bandidos e evangélicos, dois extremos que se tocam", dele e da Maria Lourdes da Silva. Eu conhecia esse artigo em que ele não faz menção a uma série de coisas que depois veio a trabalhar no romance *Cidade de Deus*.

Em Acari, descobri imediatamente que eu tinha uma característica física muito pouco própria para este tipo de trabalho. Em todas as favelas que eu ia, Parada de Lucas, Mangueira..., o pessoal achava que eu tinha cara de polícia civil. Não é nada agradável, e eu absolutamente desconhecia aquele contexto. Eu era especialista em história antiga, e tive, por um desses azares ou sortes do destino, ido parar numa penitenciária e, de certa maneira, me sensibilizado com aquilo ali e disposto a trocar minha tese de doutorado, que já estava em andamento, já tinha 200 páginas escritas, que era sobre as mulheres de Esparta e Atenas, coisa que não tem nada a ver. Mudei para penitenciária Lemos de Brito. Eu fui proibido de entrar na penitenciária, depois de 3 meses. Em 3 meses eu fiz fama na cadeia, é uma coisa bastante rápida. A ponto de o diretor proibir a minha entrada. É uma coisa engraçada, os presos querendo sair e não podendo, eu querendo entrar e eles não deixando.

Paralelamente, eu tinha conhecido um poeta de Acari, o Deley, e eu falei: "Deley, eu estou agora sem tese, desesperado, tenho que fazer a tese sobre Acari mesmo, e será que você me levaria lá em Acari? Eu posso fazer a tese sobre Acari?" Nada romântico, parece que eu não escolhi o tema, fui escolhido por ele, mais ou menos. Porque era pra eu ir pra Atenas ou Esparta, depois eu passei no Estácio e acabei indo pra Acari. O capítulo zero da minha tese se chama "Atenas-Acari via Estácio". Eu comecei em Atenas, fui pra Acari, mas passei antes no Estácio, na Lemos de Brito, pra ser mais exato.

Quando eu cheguei lá, eu não entendi absolutamente nada, parecia algo totalmente caótico. Uma rua principal enorme, que é a Rua Piracambu, onde tem uma padaria no começo. O pessoal correndo pra lá e pra cá. Tocando música o tempo todo. Bares super movimentados, de vez em quando um pregão bastante estranho "rapa de cinco! Olha aí, liquidação! Quem vai aí?" e aqueles sacos imensos de cocaína, de maconha. Eu passando todo duro, em frente à boca de fumo. A gente fala "o etnógrafo!". O etnógrafo no começo não tem nem coragem de olhar, ele passa e ele mal vê, é uma coisa meio lateral. E achando aquilo absolutamente estranho, a minha experiência alucinada, e as pessoas ali normalmente. Aí soltam fogos e entra a polícia armada. Se atirar "não corre, não! Não corre não, Marcos! O problema é correr. Tem que ficar parado. Tranqüilo. Quem não deve não teme". Dever eu não devia, agora não temer é que era complicado.

Eu não entendia absolutamente nada daquilo que ocorria e comecei a conversar com os moradores. Eu era uma pessoa vinda de fora, embora bem recomendada pelo Deley. Eu tinha passado pela Lemos de Brito, onde estava preso o grande traficante de Acari, o Cy, que já dominava o tráfico de Acari há mais de 10 anos. Eu tinha passado pela Lemos de Brito, era um título de nobreza, "você passou pela Lemos de Brito, conversou com o Sabichão", que era o apelido do Cy. Era uma recomendação meio dúbia, mas de qualquer maneira era uma recomendação, já era de confiança.

Mas no começo foi muito difícil. Era muito difícil arrancar qualquer coisa dessas pessoas, porque o que elas falavam era exatamente só da polícia, que a polícia era muito violenta, que a polícia batia, que a polícia dava tapa na cara... E, de início, aquilo vem justamente com o que já pensa o aprendiz de antropólogo: "o policial é o grande terror, os bandidos até que não são tão ruins, os meninos não incomodam a gente...". Só que eu fui ficando lá, fui ficando e fui ganhando a confiança. Depois de um ano de trabalho de pesquisa em Acari – indo pra Acari todos os dias, porque eu não morei lá, eu ia pra lá e voltava pra casa – eu conhecia bastante gente, eu freqüentava jogo de futebol. Até me arrisquei, eu sou muito perna-de-pau, mas isso foi para deleite da rapaziada. Arrebentei o pé, aí todo mundo riu, "olha o brancão lá!", eu tinha o apelido de Super-Homem, porque usava uns óculos meio grandes, e esse pessoal foi tendo um pouco de compaixão de mim, um misto de compaixão e piedade. Eles foram me aceitando lá em Acari. Bebia cerveja com o pessoal e, principalmente, circulava já sem problemas.

Eu descobri que, depois de um ano, eu não tinha entrado na casa de quase ninguém. Eu não conhecia praticamente mulher alguma, nem por nome, nem tinha conversado com mulher alguma. Mas eu tive a sorte de contar com uma grande assistente de pesquisa, a Christina Vital da Cunha, que agora está fazendo pós-graduação em antropologia. Ela foi muito mais que uma assistente de pesquisa, ela fez a pesquisa comigo, a quatro mãos. Quando ela entrou no campo, imediatamente eu comecei a entrar nas casas. Porque eu entrar sozinho, homem entrar na casa durante o dia, muitos homens estão trabalhando, às vezes tem uma avó, crianças, uma filha menor... Eu entrar nas casas seria ofensivo. Seria uma ameaça à honra, digamos assim, da pessoa. Então ninguém me convidava. Eu uma vez vi dois casais se encontrando e eu pude entender porque não se entrava na casa do outro. Eram dois casais, eles se encontraram, os homens se abraçaram, dois homens se encontrando, aquela festa. Um deles virava muito sério pro outro e dizia "essa aqui é a minha mulher" e o outro dizia "e essa aqui é a minha mulher". Não diziam o nome das mulheres, não apresentavam o nome, o cara não apertava a mão das mulheres. Depois as mulheres conversavam, eles iam para um canto e as mulheres, que nunca tinham se visto, iam conversar, elas tinham que conversar entre elas.

E aí, com esse trabalho da Christina Vital da Cunha, a gente pôde ter acesso a um outro lado da comunidade, que eram as mulheres. O sexo do pesquisador interessa muito. Eu tinha um acesso muito fácil às rodinhas, mas, na verdade, as mulheres não apareciam. Às vezes, o cara estava jogando futebol, ficava jogando horas. Ficava bebendo em frente à casa dele. E a mulher jamais aparecia para dizer "fulano! E aí? Já tá na hora, você não vem jantar? Não vai aparecer?" Provavelmente se ela fizesse isso sofreria a represália, e ele se sentiria humilhado. Mais do que ele ficar chateado com ela, ele ia ficar chateado com o desprestígio que ele teria sofrido junto aos outros amigos, que iam zoar muito ele, "quem é que manda na sua casa?"

Mas em relação ao elemento fundamental da pesquisa, e aí me permita o Paulo Lins – mesmo na qualidade de fã e de uma pessoa que conhece muito menos – eu vou discordar dele. Na verdade, já tinha se ultrapassado a fase do medo nas favelas. A fase do medo é quando você tem um chefe, pessoas armadas e a possibilidade de haver violência, mas você tem uma série de leis e normas que são cumpridas, e a pessoa está mais ou menos achando que se cumprir aquelas normas, se andar direitinho, de acordo com o que está previsto, ela não vai ser atingida. Então ela tem medo, mas é um medo sob controle.

Quando eu cheguei em Acari, a gente já tinha ultrapassado a fase do medo, a gente estava na fase do terror. A fase do terror é quando as coisas não fazem mais sentido, quando a violência pode irromper a qualquer momento, independentemente do seu comportamento. Você já não consegue acreditar na possibilidade de prever o que aquelas pessoas que estão com arma na mão vão fazer. Eu pude observar coisas incríveis, as pessoas depois de um ano começaram, efetivamente, a falar comigo. De início, elas não falavam do momento atual, que foi uma outra barreira. Primeiro só falavam da polícia, depois elas não falavam do momento atual, elas só falavam do passado. E foi aí que eu pude perceber uma ligação muito grande entre a pesquisa que eu estava fazendo e o romance do Paulo Lins. Eles falavam muito de um chefe em Acari, chamado Tonicão, que teria sido o chefe que acabou com aquela fase do estupro, aquela fase do roubo de caminhão de gás, roubo de birosca, de assalto ao próprio trabalhador do local e impôs uma determinada lei. O Tonicão, inclusive, dizia "eu sou pelo certo, eu sou pela lei". E fiscalizava isso. Andava com uma perna de três que, na verdade, era um porrete de madeira, cheio de concreto. Andava com essa perna, e também com uma Uzi, mas a perna de três era pra bater, no caso de o sujeito ter feito alguma coisa. Por exemplo, urinar diante de senhoras. Ele ia lá e dava uma cacetada no cara. O cara reclamou: "Vai ficar de castigo, um ano sem sair de casa". E mesmo depois de ele morrer, o cara continuou preso dentro de casa e só saiu com licença do outro traficante, o que veio depois. Essa fase do Tonicão era a mesma fase que o Paulo Lins descreve no livro dele, a fase das festas de Cosme e Damião, que se chamavam sambistas muito conhecidos, equipes de som muito conhecidas – que eu não posso dizer, porque isso está sendo gravado e vai ser transcrito – para fazer festa dentro da comunidade.

Mas, em Acari descobri uma característica que se repete em outros lugares. Eu já fui na Mangueira, em Lucas, na favela da Maré, li um pouquinho sobre a Rocinha, embora não tenha estado lá, e descobri que em cada um desses locais tinha um mito, um mito recorrente... Esse mito era o mito do bom bandido, que no livro do Paulo Lins é o Manoel Galinha. O Manoel Galinha é um jovem, que ele descreve como sendo um jovem tão bom, mas tão bom, que tem uma passagem que ele chega a dizer assim, na página 401, "quando chupava manga não bebia leite, porque fazia mal, e em sua casa não se cobria com coberta virada do avesso para não ter pesadelos. Colocou sapato na varanda esperando Papai Noel, dançou quadrilha em festa junina, pegou doce de Cosme e Damião, brincou de chapa branca: posso sentar, com licença". Era aquele rapaz absolutamente certinho, que dava aula de karatê. Era um rapaz bonito. Era uma intriga chamá-lo de Manoel Galinha, porque ele estava, inclusive, querendo casar com uma moça que ele namorava.

A história do Tonicão, do Marquinho de Vigário Geral, a história de um bandido que não era traficante, era assaltante, chamado Miguelzinho, na Rocinha, que é contada pelo Ronaldo Alves. Todas essas histórias têm algo em comum: são pessoas que não queriam entrar para o mundo do crime e, praticamente, foram obrigadas a entrar por uma questão de honra. No caso do Manoel Galinha, porque sua namorada foi violentada pelo bando do Zé Pequeno na frente dele. O seu avô foi morto e a família dele foi continuamente ameaçada. No caso do Tonicão, a mesma coisa. Ele, na verdade, reclamou, porque uma moça da comunidade foi estuprada e o pessoal o ameaçou de morte. Tocaram fogo na casa da mãe dele, uns dizem que tentaram estuprar a mulher dele. No caso dos outros traficantes, o sujeito era cobrador de ônibus, ele não roubou e o fiscal disse que ele teria roubado. Enfim, são sempre histórias que remetem a uma positividade do caráter daquela pessoa.

No livro do Paulo Lins, ele descreve um bandido chamado Maneco, e ele vai falando de todas as maldades que o sujeito fazia. E, no final, com a liberdade que romancista tem e que o antropólogo não tem, ele diz assim: "era um bom filho da puta". Para resumir, o cara era mau mesmo. Ele tem várias biografias de bandido, eu fiz fichamento, eu reli o livro. Mas hoje, após ter ouvido Paulo Lins, eu resolvi colocar em discussão o lado "menos humano" do "bom bandido". Em determinado momento ficou fácil arregar a polícia. (arregar, pra quem não sabe, é dar dinheiro para polícia – e lá em Acari tinha um lugar que era tão costumeiro de dar dinheiro para polícia, que virou até nome. A topografia do local já até registrava, era o "Beco do Arrego", que era o lugar onde a polícia recebia o dinheiro todo dia). Eu acho que as mudanças ocorreram na comunidade, a partir da implantação desse regime. No livro de Paulo Lins, tem uma passagem em que o bandido, que é o Alicate, se não me engano, está disposto a matar o Cabeção, que é o PM mau lá da área. Os dois estão pensando em matar um ao outro, parece até um filme de bangue-bangue, vem um por uma calçada, vem outro por outra calçada, ou vêm os dois pela mesma calçada – agora não me lembro bem – e eles estão pensando tanto em matar um ao outro, que não se vêem. Eles se cruzam sem se ver e o Alicate escapa da morte sem saber que escapou da morte. Mas por coincidência, ou não, no dia seguinte ele entra numa igreja evangélica.

Eu pude perceber na minha tese, e aí eu fiz uma elucubração, eu fiz uma hipótese acerca disso, que o momento do crescimento do tráfico de drogas e o crescimento das igrejas evangélicas era o mesmo. Ocorreu na mesma época. Foi na segunda metade da década de 80, de implantação mesmo grossa do tráfico de drogas pesado e das igrejas evangélicas. Eu procurei estabelecer uma relação entre isso.

Eu comecei a perceber que nessa nova perspectiva do terror, dessa ameaça... o que é que eu chamo de terror? Eu chamo de terror as pessoas dentro de casa, dentro da sua própria casa, não falando mais o nome do traficante. Ao contrário do Manoel Galinha, ao contrário do Tonicão, do Marquinho e outros, hoje se fala assim: "você sabe o filho daquela senhora que mora ali não sei onde, sabe? Tá acontecendo..." ou, então, piscando um para o outro, piscando para mim também, que a essa altura já era um pouco parte da família – Christina Vital sabe bem a quem eu estou me referindo – dizendo assim: "a polícia está matando muito! A polícia matou três ontem." Polícia isso, polícia aquilo, e eles piscando porque aquilo era um código. Porque eles estavam querendo dizer que o tráfico estava matando muito. Eles já não têm mais coragem, porque o tráfico ganhou uma dimensão que, mesmo que seja 0,03% da população, afeta toda a população.

E o terror, qual é a contrapartida dele? São essas igrejas neopentecostais. Você tem uma aula prática: "vocês querem ver o inferno? Vocês querem ver o demônio? É só olhar lá fora. Crianças desrespeitando os pais. Criança matando adulto. Criança cheirando cocaína no meio da rua." Enfim, uma situação de desespero. Então, o inferno está armado. Há uma posição maniqueísta bem radical. O artigo do Paulo Lins publicado em *Religião e Sociedade* já chamava a atenção para isso, quer dizer, os dois extremos se tocavam, os evangélicos e os bandidos. A visão de mundo deles é tão radicalmente maniqueísta, que "eu sou CV e você é Terceiro, então eu sou o Bem e você é o Mal, vou te matar e pronto". Ou "eu sou mais terror do que você. Eu sou mais forte".

E aí a percepção que eu tive foi de que na época do Tonicão, até meados da década de 80 (em outras favelas eu não sei exatamente quando isso aconteceu, na Cidade de Deus eu não tenho idéia), houve uma espécie de equilíbrio, na comunidade, entre o tráfico de drogas – que respeitava, que tinha determinadas normas – e a comunidade. Hoje essa percepção do terror é bastante clara. Eu li várias redações de garotos de 1º e 2º graus, de escolas próximas, e o tempo todo se fala disso. Se fala do terror, se fala de sangue do inimigo derramado. A gente tem acesso a esse imaginário através da linguagem que está aí nos funks, que está aí nos raps, que está nos campos, nas torcidas de futebol.

A época do terror é a época do Carlinhos Lacraia, de Acari, que cortou o dedo de um inimigo e andava brincando com o dedinho por Acari dizendo: "isso aqui é do cara que eu matei ontem". Ou você dá o cadáver esquartejado para ser comido pelos porcos – os porcos de Acari engordavam tremendamente – ou você dá para o jacaré que tem no valão. Essa é a época do terror. Um momento de estraçalhar praticamente as coisas, as pessoas... Hoje há uma ameaça total à integridade física. Assim, esse imaginário – presente também até nas torcidas de futebol – não aponta mais para a violência, ele aponta para o terror. Pode ser que morra menos gente, pode ser que a lei hoje seja mais cumprida, mas eu diria que – aí tem uma provocação, mas é a minha opinião – o terror é muito maior. Ultrapassou a fase da violência.

RELIGIÃO, VIDA CARCERÁRIA E DIREITOS HUMANOS

Rita Segato
(Antropóloga, professora da Universidade de Brasília)

O Trabalho na Papuda

Freqüento o presídio masculino de Brasília desde 1993, e desenvolvi nele dois projetos diferentes, além de ter orientado algumas pesquisas de alunos realizadas nesse e em outros estabelecimentos penitenciários da cidade. Minha primeira pesquisa no espaço carcerário começou, como disse, em 1993, no presídio conhecido como "Papuda", que era uma antiga fazenda; porém, seu nome oficial é Centro de Internação e Reabilitação do Distrito Federal (CIR). Tanto esse quanto o outro projeto posterior foram realizados junto aos alunos: alunos de antropologia, alunos de psicologia, alunos de direito, uma equipe de trabalho dentro da cadeia. E o que tentarei mostrar aqui é em que momento a religião, finalmente, entrou no campo dos fenômenos interessantes para a compreensão do ambiente carcerário.

No início, em 1993, essa longa relação da Universidade de Brasília com a cadeia da cidade foi uma solicitação do secretário de Segurança do Distrito Federal, naquela época o coronel Brochado, que demandou à Universidade que produzisse um conhecimento sobre a violência sexual na cidade, pois, nas estatísticas, Brasília figurava com o maior índice de violência do país. Para responder a essa solicitação, o reitor Ibañez chamou um grupo de professoras da UnB que trabalhava com a questão de gênero para entender a questão da violência sexual no âmbito local. Desde o começo, eu pedi para trabalhar com os estupradores condenados, interessada nos enigmas que seguramente albergava a memória das pessoas que tinham sido capazes de perpetrar esse tipo de violência.

Neste primeiro período, o que mais impressionava eram as ótimas condições de trabalho que a gente tinha, quase as de um terapeuta: conversas íntimas, até com almofadões no chão, e bastante privacidade para podermos dialogar com o preso, tentar entender que fantasmas habitavam a mentalidade de um estuprador.

O primeiro grande descobrimento da pesquisa foi perceber que o mesmo estranhamento e espanto que qualquer pessoa sente ao ler sobre um crime horrendo numa página de jornal é sentido também, a respeito desse ato, por quem um dia o perpetrara, quando esta pessoa já se encontra há algum tempo presa e condenada. A passagem desse ato ou da sua memória para o discurso é marcada por intenso pudor e repressão. O condenado em questão manifesta um estranhamento perante aquele gesto e experimenta o crime como ininteligível desde sua nova perspectiva.

A segunda grande percepção estava relacionada à carência de léxico, de ferramentas discursivas, à falta de exposição a discursos que estes presos revelavam, mostrando-se, portanto, impedidos de operar um processo de reconhecimento e de elaborar uma versão possível da sua identidade e de seu drama de vida. Essa impossibilidade de "narrar-se" não pesava somente em relação a nós, que queríamos saber, mas em relação a eles mesmos e à sua própria necessidade de se analisarem de alguma forma, para refletirem sobre sua ação. A ferramenta por excelência para esta análise é a palavra, e este recurso se faz disponível somente na medida em que se toma contato com uma variedade de discursos mais sofisticados que poderão logo ser manipulados na perseguição de um sentido para o feito – perante si mesmos e perante os outros.

Em terceiro lugar, vem a relação particular que os presidiários estabelecem com a religião, tema da palestra de hoje. Dentro do universo de recursos discursivos rudimentares no interior da cadeia, o recurso do discurso bíblico vai ser, no mais das vezes, o recurso discursivo mais rico com o qual a maioria destas pessoas vai estar em contato. É ele e somente ele que, na maior parte dos casos, preenche a lacuna das figuras discursivas características do encerro prisional. Uma das entrevistas com um dos estupradores foi reveladora deste aspecto particular de carência: o preso fez esforços por relatar-nos uma tentativa de conversão que realizou e seu subseqüente fracasso. O seu enunciado foi o seguinte: "eu quis ser bom mas eu não posso ser bom. Eu tentei me tornar um irmão na maneira de vestir, de falar. Estudei a Bíblia, tentei obedecer aos preceitos e às exigências que os irmãos têm obrigação de obedecer. Mas não consegui, eu fracassei. Eu sou mau".

Dois Direitos Humanos ausentes nas Declarações e Pactos Internacionais: à Redenção e à Palavra

No seu livro Nova Criminologia à luz do Direito Penal e da Vitimologia, Antonio Beristain faz referência a um direito humano faltante, que ele descreve como "o direito ao perdão" – ativo ou passivo, total ou parcial – como direito básico de todas as pessoas e, portanto também, dos autores de faltas, de delitos e de crimes graves. Esse não está formulado expressamente em nenhuma das declarações, nem nos pactos internacionais. Mas, segundo nossa opinião, deve reconhecer-se teórica e eficazmente, em nível universal, nacional e local. (p. 58)

A partir da minha experiência na Papuda, identifiquei a necessidade de formular um direito humano próximo – mas não idêntico – ao que Beristain aponta, mas que eu definiria como "o direito humano à redenção". Seria longo examinar esta proposta exaustivamente na presente ocasião, mas basta dizer que entendo o direito à redenção como dependente de um ato de autoperdão, por sua vez, dependente de um desenvolvimento do sentido da responsabilidade. Isso quer dizer que o ato de autoperdão referido se encontra longe de um ato de esquecimento. Ambos processos somente podem desenvolver-se quando duas condições se encontram garantidas: 1. a vida num ambiente com recursos discursivos ricos em figuras de reconhecimento e capaz de informar a auto-indagação e a reflexão; e 2. a possibilidade do registro, da circulação e da inserção extra-muros (além cárcere) das narrativas resultantes. Quer dizer que, nesta perspectiva, "o Direito à redenção" está profundamente atrelado ao "Direito à palavra", este último nos dois sentidos já mencionados: como "Acesso à palavra" e como "Projeção da palavra".

Este desenvolvimento de conceitos deslanchou, como vinha relatando, quando percebi que acontecia, no presídio, um verdadeiro monopólio das vias de acesso à redenção. Tratava-se, e ainda se trata, de um monopólio religioso que concentra e regula, também, o acesso à palavra no cárcere. Os cristianismos, particularmente os pentecostalismos e, mais tarde, a missão carismática, que classifico como religiões de "superioridade moral", detinham, como ainda detêm, as vias de acesso ao bem, os discursos para que as pessoas possam se dizer boas, sendo o texto bíblico a grande fonte dessas figuras. Fora delas, nenhum outro tipo de narrativa capaz de providenciar às pessoas recursos discursivos para elaborar um discurso de auto-indagação, auto-avaliação e de aspiração moral se encontrava à mão.

Contra o monopólio cristão do discurso da redenção

Eu classifico as religiões em dois grandes grupos, as religiões da "superioridade moral", expressas principalmente pelo cristianismo, que possibilita o acesso ao bem, mas também detém o monopólio do bem, dos discursos do bem, e as religiões que defino como "trágicas", paradigmaticamente o candomblé, pelo qual o que se faz é colocar ao alcance das pessoas um conhecimento mitológico e um vocabulário que permite ao ser humano suportar o seu destino trágico, mas que não pretende superar este destino e sim possibilitar que a pessoa possa se situar em relação ao mundo. Este é um discurso que garante também uma forte estrutura moral para suportar a tragicidade do destino humano como conseqüência da presença do mal no mundo, do sofrimento no mundo.

As religiões de "superioridade moral" entram nos presídios e monopolizam os discursos que permitem a redenção, e é isto que o exemplo citado do preso que não conseguiu "ser bom" expressa. Não havia outro caminho possível para ele poder chegar a se considerar bom ou capaz do bem.

Isto me levou a propor um projeto que eu idealizei e que se chamou "Fala Interno – O Direito Humano à palavra no cárcere". Esse projeto, quando foi escrito e teve seu financiamento aprovado no Ministério da Justiça, tinha como eixo uma discussão sobre um par de Direitos Humanos que não se encontra registrado na Declaração Universal. Tinha como base o artigo 19, que se refere à liberdade de expressão e opinião, e eu entendi o projeto como atendendo a uma demanda pelo desdobramento deste artigo, que descrevi como sendo "o direito à inscrição discursiva no mundo". O outro direito que eu busquei estar contemplando é "o direito humano à redenção", mas não uma redenção monopólica, antes uma redenção pluralista, por caminhos variados.

Estas duas formulações estão profundamente vinculadas entre si, porque o que o preso quer é refletir sobre o que ele fez, compreender-se e encontrar uma saída, pois o trabalho de saída da repetição do ciclo da violência é um trabalho que exige muita força, exige uma atividade interna muito grande, e exige uma capacidade de falar, de falar para si e sobre si, de refletir, de elaborar um discurso. Eu acreditava ser muito difícil para os presos terem isso devido às suas condições de educação e à exposição a uma cultura muito rudimentar que existe dentro do presídio, onde os contatos afetivos, amorosos, são escassos, quando não inexistentes.

Assim sendo, o direito à redenção é exatamente este direito a encontrar uma forma de se dizer bom, de se dizer capaz de ser bom, mas isto dentro de uma quantidade de perspectivas mais ampla e não dentro de uma perspectiva religiosa única, fechada. O outro direito que mencionei, o direito à inscrição discursiva no mundo, poderia ser descrito da seguinte forma: se o mundo é um lugar onde circulam e se entrecruzam uma grande quantidade de discursos, uns mais audíveis, outros menos audíveis e outros completamente silenciados, não basta que você tenha liberdade para falar, para poder se expressar e dar opinião. Eu diria que algumas garantias devem existir para que narrativas de identidades e sensibilidades diversas possam ser construídas, em primeiro lugar, e logo inscritas, tornadas audíveis, reproduzidas e distribuídas amplamente dentro da grande arena de interlocuções que é hoje o mundo.

O discurso do preso é, por um lado, um discurso completamente inaudível, circunscrito, amuralhado e, pelo outro, o preso é, como um diretor de disciplina me confidenciou sem pudor algum: "preso duas vezes: da cadeia e da religião. Sem o concurso da religião, não poderíamos mantê-los aqui". Então, foi com base nestas duas propostas – o direito à redenção e o direito à inscrição discursiva – que nós realizamos este projeto chamado "Fala Interno: o direito humano à palavra no cárcere". Levamos lá para dentro pessoas da cidade de Brasília que fossem reconhecidamente boas na sua capacidade de articular e escrever palavras, tais como um sambista que teve algumas composições gravadas por Bezerra da Silva e obteve o Prêmio Sharp por uma composição; um rapper famoso na cidade que ganhou um prêmio da MPB pelo melhor clip do ano 1999; poetas reconhecidos; jornalistas, etc.

O Projeto Fala Interno levou à cadeia dois tipos de oficinas da palavra, quatro oficinas de gêneros populares: samba, rap, cordel, mamulengo, e quatro oficinas de gêneros eruditos: teatro, jornalismo, poesia e linguagem cinematográfica. Esta última, ministrada pelo cineasta André Luís da Cunha, foi a única a ter continuidade numa oficina de produção de roteiros praticamente até hoje; vários internos se encontram escrevendo histórias em formato técnico de roteiro e obtivemos um financiamento do Pólo de Cinema e Vídeo do DF para realizar um filme documentário sobre O Dia de Visita.

Atendemos noventa e oito presos na cadeia que, na época, abrigava mil e duzentos internos, ou seja, isto ficou bem aquém do que eu queria, e atendemos, naturalmente, os presos que já estavam mais disciplinados, o que na cadeia se chama de presos "pacificados", mas a intenção era atingir o preso que está no fundo do pátio, o que realmente não tem acesso à palavra nem à redenção, aqueles que são mais arredios em relação a todas estas formas de missão, obras sociais, obras filantrópicas que existem dentro da cadeia. Portanto, o projeto ficou muito restrito, pois só atendeu aqueles que já faziam parte de outros projetos, de outras obras de ação social. Mas, de qualquer forma, eu acho que foi uma experiência positiva. O aspecto mais definitivo desse empreendimento foi a fundação, dentro do presídio, de uma Casa da Cultura, separada da ala destinada à educação e administrada pela FUNAP, Fundação de Apoio ao Preso Trabalhador, cujo presidente, por lei, é designado diretamente pelo governador do Estado. A Casa da Cultura é um espaço onde artistas da cidade vão ensinar e ajudar os presos a desenvolverem sua capacidade comunicativa e de expressão. É um espaço mais livre e criativo do que a Ala Educativa ou, pelo menos, para isso temos lutado e insistido com as autoridades.

O Papel da igreja evangélica no CIR

Sobre religião, especificamente, muitos dos presos com quem nós atuamos são pessoas que já professavam algum credo religioso. A maior parte do grupo que foi beneficiado pelo nosso projeto é de católicos carismáticos, e o restante é de convertidos à religião evangélica que atua na "Papuda". Lá dentro não há diferentes igrejas evangélicas atuando, mas há uma única igreja evangélica unificada, que não admite, naquele espaço, diferenciação de denominações, para não perder a posição de maioria dentro do presídio. O importante é que ali a hegemonia da presença evangélica é inconteste. Os católicos carismáticos fizeram sua entrada mais recentemente, nos últimos 5 anos, e constituem uma missão que trabalha basicamente com educação musical e com a formação de um grupo de MPB – o Exodus.

É interessante perceber que estes grupos evangélicos fazem parte da administração da comunidade carcerária, ou seja, não somente desenvolvem um trabalho religioso como tomam conta da organização de todas as atividades do dia-a-dia, administrando a prestação de serviços tanto daqueles que são convertidos quanto daqueles que não o são: distribuem cargos, selecionam desde quem trabalha na faxina até quem vende na cantina, que necessariamente não pode ser uma pessoa evangélica, pois ocorrem ali transações que não são condizentes com a moral e os valores evangélicos.

O grupo evangélico possui um efetivo poder de gestão: é uma igreja, uma ação religiosa, mas seu campo vai muito além dessa incumbência. O grupo é realmente quem organiza a comunidade carcerária e estabelece o diálogo, o vínculo entre a administração policial da cadeia e a gestão e organização da comunidade carcerária. Isto é muito interessante porque também é possível identificar lá dentro outro grande poder: o poder dos "patrões".

Patrões são as pessoas que possuem a capacidade de empréstimos e de circulação interna de recursos, que assumem uma atribuição "bancária" e que, juntamente com o poder do grupo evangélico, exercem o controle político e a gestão religiosa de forma bastante cooperativa. No que diz respeito à administração da vida da população carcerária, eles trabalham em ótimo acordo. Os patrões, com sua capacidade de empréstimo e liderança nos negócios ilícitos, funcionam com conselheiros dentro da igreja evangélica. Eles não podem ser pastores mas exercem a função de conselheiros informais dentro da igreja.

A igreja transforma o espaço do caos, que é o espaço da força e da violência, em um espaço de convívio, em um espaço do discurso. O papel da igreja é não somente converter como também transformar relações que seriam semelhantes às de um "estado de natureza" em relações discursivas, coloca à mão um discurso para que as pessoas possam diminuir seus conflitos com menor recurso ao poder de morte. Ela instala estes conflitos num campo discursivo e os media, tanto entre evangélicos quanto entre presos que não são evangélicos (Marques, 1998).

O meu projeto objetivava levar outras formas de introduzir e articular discursos lá dentro, formas estas que pudessem de alguma maneira romper este monopólio cristão sobre a resolução de conflitos e acesso à superioridade moral, ao prestígio moral. Por que esta minha tentativa pode-se interpretar como uma iniciativa anti-religiosa? Em primeiro lugar, pelo incômodo quase natural frente a qualquer tipo de monopólio, de fechamento das alternativas, da redução do pluralismo das sensibilidades e as escolhas. Este fechamento do campo discursivo me parecia pior que os próprios muros da prisão. E, em segundo lugar, porque analisando os discursos das pessoas convertidas, viase a cópia pouco convincente de um discurso do "bem" cristão.

Uma crítica ao discurso cristão do bem na cadeia

No Brasil, há poucos seguimentos quantitativos ao longo dos anos que permitam hoje falar com segurança sobre os índices de reincidência. Mas, em geral, o conhecimento prático dos guardas carcerários e as estatísticas existentes mostram que o grau de reincidência entre os convertidos não apresenta diferença notável com o dos não-convertidos. Estes números, que não são definitivos, pois, como disse, não existem realmente estudos confiáveis de longo prazo sobre o tema no Brasil, podem nos dar uma idéia.

Uma pessoa que eu conheci – um pastor evangélico que se converteu na cadeia após ser condenado por estupro – saiu da prisão aproximadamente um ano depois de me conceder uma entrevista e voltou pouco tempo depois. Qual pode ser então a nossa interpretação sobre estes discursos de conversão? Para analisar a eficácia de uma pena, de um castigo, nós temos duas alternativas: ou apelar para estudos estatísticos, por enquanto incompletos, ou partir para a análise do discurso, o que significa entrar num terreno muito instável, de muita controvérsia, mas o único caminho hoje à disposição.

Na minha opinião, o discurso do preso convertido constitui uma "mímese regressiva". E o que vem a ser isto? As classes populares produzem discursos miméticos sobre as produções culturais e sobre as formas de expressão da classe dominante. Uma "mímese progressiva", contraposta a uma mímese regressiva, se define por imitar um modelo dominante adicionando-lhe comentários que desestabilizam o próprio poder citado na mímese. Exemplos são o culto de possessão registrado no famoso filme *Les Maitres Fous de Jean Roux*, assim como as análises do poder mágico dos xamãs colombianos de Michael Taussig. De modo oposto, o que eu estou chamando de "mímese regressiva" é exatamente a imitação que o preso faz do discurso do "bem", copiando um discurso cristão, com seus valores familiares e suas fórmulas de boas maneiras e repetindo o mesmo, *ad infinitum*. O que impressiona é a forma mecânica em que são aplicadas as fórmulas discursivas, sem introduzir-lhes comentários alusivos à situação específica vivida pelo preso ou suas famílias.

Na mímese progressiva, quando se comenta o sistema que é mimetizado, tem-se um efeito desestabilizador e o sujeito está ali implicado, o comentário recai criticamente sobre o sistema e a dominação e reverte de forma libertária sobre o sujeito, fazendo uma referência cifrada a sua própria condição subalterna.

Na mímese regressiva, o sujeito copia assumindo sem reservas a fala do outro, dominante, sobre si. Ele assume e copia a fala dominadora – do cristão, do pastor, do sacerdote, daquele que está identificado com o "bem", com a lei. Assim sendo, nega sua própria condição e sacrifica seu lugar de fala, seu lugar de sujeito diferenciado, contraventor.

Uma das conseqüências da mímese moral regressiva é que produz discursivamente a morte daquele que cometera o crime. Aquele que matou, que estuprou, que causou sofrimento não existe mais. Nesta elaboração sobre o crime não há verdadeiramente uma continuidade, não há uma reflexão profunda sobre o que ele foi e sobre o que ele pode voltar a ser. É estabelecido como um dogma o evento de sua própria morte, não recuperando as condições sociais sob as quais foi perpetrado o ato violento. Como conseqüência disso, não se realiza o percurso reflexivo que traz o momento do crime ao momento atual para sua reelaboração numa aceitação de responsabilidade. O aprendizado religioso sob o modo da mímese regressiva tem como seu correlato lógico instaurar um novo sujeito que não se reconhece nem se implica nas condições de produção do seu crime. Esta modalidade de conversão estabelece um corte radical entre um sujeito "morto", desaparecido, responsável, mas que hoje não pode prestar contas, e um sujeito novo, "cristão", "ressurrecto", que repete mimeticamente o discurso do "bem" sobre si mesmo, alienado do seu próprio passado e desprovido do potencial crítico que somente a mímese progressiva executa, ao introduzir um comentário crítico, algum grau de tergiversação irônico, na sua apropriação da cultura dominante através de uma cópia alterada.

BIBLIOGRAFIA

Beristain, Antonio: Nova Criminologia à luz do Direito Penal e da Vitimologia. Brasília: Editora da Universidade de Brasília, 2000

Marques, Ildeu: A Autoridade Legitimada pelo Procedimento. Uma Etnografia sobre a Autoridade em uma Instituição Penal. Dissertação de Graduação defendida no Depto. de Antropologia da Universidade de Brasília. Brasília, 1999.

OS EVANGÉLICOS EM SANTA CRUZ: A VOZ DOS PROTAGONISTAS

Marcos Sá Corrêa
(Jornalista, co-autor do vídeo-documentário "Santa Cruz", com João Moreira Salles)

Não sou documentarista. Sou jornalista. Mas, depois de trinta e poucos anos de tarimba, estou convencido de que o jornalismo é talvez a única profissão de certo prestígio que se pode exercer honradamente tendo com principal instrumento de trabalho a ignorância. É claro que ao longo da vida ou da carreira, dependendo da formação que se tenha, pode-se delimitar mais ou menos bem a extensão dessa ignorância. Mas o jornalista está sempre resvalando pela fronteira de um território que jamais terá tempo para conhecer direito, o território da notícia, daquilo que acaba de descobrir, da pergunta que espera por respostas alheias e da curiosidade que não pode esperar pelo dia seguinte. O jornalista passa a vida às voltas com esse drama complicado, que é lidar de preferência não com aquilo que já sabe, mas com aquilo que ainda está disposto a saber. Digo isso por ter participado deste documentário como jornalista. Ou seja, como aprendiz profissional. E é como jornalista que posso falar dele.

Este filme pertence a uma série de seis documentários que conta histórias simples do Brasil, vistas pelos olhos de um documentarista e de um jornalista. Eu e outra jornalista, aliás uma grande repórter, Dorrit Harazim, conspiramos com o documentarista João Moreira Salles para fazer esta série. Começamos com um plano meio exagerado, que hoje me parece megalomaníaco – aproveitar a onda de curiosidade sobre o país que presumivelmente aconteceria nos 500 anos do Brasil, para 12 documentários, um por mês, para ocupar com sua exibição todo o ano 2000. Era excesso de ambição. Eu não sabia, na época, como jornalista, que documentário era uma reportagem muito mais cuidadosa e elaborada do que as reportagens que eu estava acostumado a pôr no papel. Enfim, a idéia era fazer, na época, 12 retratos do Brasil, pegando fragmentos atuais de assuntos do cotidiano que guardassem uma relação qualquer com o passado, com os 500 anos do Brasil ou de preferência com a fundação do país. Nós não queríamos fazer uma série que pretendesse recontar a história do Brasil. Queríamos simplesmente mostrar cenas atuais que tivessem algum vínculo com o passado.

Desde o começo, um dos primeiros temas que tiveram lugar garantido na série foi o dos evangélicos. Isso porque um dos atos de fundação do país é a chegada da evangelização. A primeira coisa que Caminhas descobre aqui, além do palmito, das árvores que tapavam a vista da terra e dos índios com as vergonhas descobertas, é a fartura de almas a conquistar para o cristianismo. E nos parecia que os herdeiros mais ativos desse legado estavam hoje no movimento evangélico. Eles trabalham em fronteiras sociais extremas. Regina Novaes citou agora mesmo o caso da pastoral penitenciária, mas mesmo fora das grades quase sempre você vai localizar núcleos de evangelização, e geralmente núcleos pentecostais, que lhe dão a sensação de estarem um pouquinho para lá da parte efetivamente coberta pela sociedade brasileira organizada. Então nós achávamos que eles eram os herdeiros dessa tradição de cinco séculos.

Eu falei da ignorância pelo seguinte: jornalista se habitua a funcionar com certa audácia – isso quando não se habitua com coisa pior, que é uma certa leviandade – e a achar natural abordar um assunto pela curiosidade, não pelo que tenha de antemão a dizer sobre ele, e sim pelo que supõe que aquele assunto tenha a dizer para ele. No caso dos evangélicos, além de ele se encaixar perfeitamente dentro desse conceito geral da série, num encaixe natural, me pareceu que o tema roçava uma pergunta que eu tinha carregado durante algum tempo sem ser capaz de responder. De certa maneira, eu não sei até hoje responder, mas presumo que em parte esse documentário, se não responde, pelo menos deixa muito mais clara a pergunta.

Por que havia no país uma corrida espontânea para aderir a uma religião, cuja doutrina é tão restritiva em termos comportamentais, implicando várias renúncias, sem a expectativa de aderir a uma organização notável pela capacidade de dar assistência material aos pobres e além disso precisando pagar um décimo de tudo o que ganha para fazer parte desse grupo? Tudo isso era, evidentemente, uma percepção externa à igreja. Quando eu me aproximei dela, e comecei de certa maneira a participar da rotina dos fiéis, eu me espantei com a descoberta de que havia um dízimo muito mais pesado do que aquele pago em dinheiro – era o tempo inacreditavelmente grande que a adesão à igreja demanda. O convívio na igreja evangélica requer uma grande disponibilidade. Em certos casos, ela consome em todos os dias da semana uma boa parte das horas úteis do dia.

A pergunta que me rondava era a seguinte: se isto acontece, por que ocorre sem que se perceba nenhum tipo de estímulo oficial para que a migração ocorra? Quando essa curiosidade começou a tomar forma, passei a ler estudos, inclusive, ou principalmente do ISER, que falavam de números espantosos nessa corrida. No Rio de Janeiro, no começo dos anos 90, criava-se uma igreja evangélica a cada dia útil da semana.

Pois bem, ao pensar em transformar isso num documentário, havia algumas vantagens sobre o tipo de jornalismo a que eu estava habituado. O documentário me dava pela primeira vez na vida a chance de "publicar" uma história contada pela própria voz de seus protagonistas, de deixar que "os entrevistados" dessem o seu recado, fosse ele qual fosse. Isso uma reportagem escrita raramente permite.

No documentário, cujo princípio fui aprendendo no convívio com o João Moreira Salles, e também no convívio com os personagens, é preciso dar tempo para as coisas acontecerem à sua frente. É preciso ganhar uma certa confiança com as pessoas, chegar mais perto de sua intimidade, para que elas comecem a ignorar a presença da câmera, da luz artificial, de uma equipe relativamente grande, todo o aparato bastante invasivo que se leva para uma comunidade isolada e pequena. Você entra lá de kombi. Nada se faz sozinho. Sua presença ameaça destruir toda a naturalidade daquilo que se está filmando. Mas, à medida que as pessoas vão se habituando com você, deixando de estranhar todo o espalhafato que inevitavelmente se faz ao filmar, acontece uma coisa surpreendente: é como se você se tornasse invisível para elas.

A coisa mais estranha é como numa igreja, que cabia num canto desta sala, quase sempre apinhada de gente, nós transitávamos com equipamentos grandes, intrigantes, luminosos, parecendo ao mesmo tempo não estarmos ali. A idéia dessa migração do jornalismo convencional para um jornalismo em que eu podia formular as perguntas, mas não estava autorizado a dar as respostas, tendo que chegar a elas lentamente, passando um tempo que eu nunca tinha passado em contato com o mesmo assunto, foi uma novidade extraordinária para mim. Ela provavelmente mudou meu modo de trabalhar como jornalista. E espero que tenha mudado para sempre.

Eu tinha essa noção de que estavam se criando igrejas com grande rapidez, que elas pipocavam pela periferia do Rio de Janeiro, mas a minha relação com evangélicos era quase zero. Eu nunca tinha me aproximado para nada da igreja evangélica. Tinha uma total inexperiência, inclusive, sobre seu comportamento. Mas, com base nos estudos do ISER e a ajuda da Regina Novaes, foi possível armar uma rede para capturar as igrejas no momento em que elas começavam a nascer no Rio de Janeiro. Nós queríamos filmar esse processo. Documentar aquilo que acontece ao redor de uma igreja neonata. Achávamos que só assim era possível ver em pequena escala, passível de ser documentada, o grande fenômeno que pretendíamos filmar.

O primeiro passo era, portanto, descobrir onde essas igrejas estavam nascendo, encontrá-las no primeiro momento possível, e tentar viver junto delas esse processo de formação. Supúnhamos que, se ficássemos muito tempo ali perto, aos poucos iríamos ver como e por que as pessoas se aproximavam da igreja, o que acontecia na vida das pessoas com a conversão. João e eu estávamos querendo ver o lado de cá, ou seja, o que acontece concretamente na vida daquelas pessoas, o que as faz tomarem atitudes que vistas de fora parecem irracionais. Alguma coisa elas iam buscar ali. Não se tratava de um documentário sobre o fenômeno religioso em si. Mas sobre seus efeitos sociais.

Primeiramente, eu vou dar a minha hipótese, em seguida vou mostrar o que a gente encontrou lá. A minha hipótese é que a sociedade brasileira classificou o pobre, hoje, de uma maneira tão esquemática, praticamente até o pensamento de esquerda no Brasil acabou circunscrevendo o pobre numa definição que é marginalizante. Aí você coloca dentro dessa questão o populismo, outros efeitos e você acaba supondo que o pobre pode ser emancipado da sociedade, portanto de serviços públicos do estado e você menciona o que quiser. Então este pobre, que é tratado assim há tanto tempo, passava a correr para um negócio altamente disciplinador.

Minha hipótese é que, diante da falta de oferta dessa questão mínima de organização da vida, o pobre iria buscar onde ela estava em oferta. Já que o Estado, a política, nada oferecia isso, ele ia buscar nas igrejas evangélicas. Eu queria ver isso. Como a gente viu isso? Em primeiro lugar, como já foi citado, capturamos uma igreja em formação, para a gente ver o que acontecia. Foi uma experiência extraordinária porque essas igrejas não têm uma hierarquia para organizá-las a partir de Roma, elas se institucionalizam como uma casa comercial. Elas, para nascerem, procuram registro. Então, montando um plantão no cartório, nós começamos a pegar igrejas que iam nascendo e eu ia atrás delas.

Todas essas igrejas estavam numa área que tinha acabado de ser rural, já não era cidade, não era favela, era uma bagunça. No meio tinha uma coisa construída pelos mesmos métodos de ocupação. Então, você tinha aquela paisagem se dissolvendo em tijolo, no meio uma igreja muito informal, e dentro dela um sujeito que era muito parecido com a população que estava em volta, e que tinha recebido um cutucão do Espírito Santo, virando pastor da noite para o dia e estava lá montando aquilo.

Confesso a vocês que eu acabei me seduzindo pelo pastor Jamil, depois de ver uns nove ou dez que me pareciam todos iguais. Eu optei pelo Jamil por três coisas: primeiro, porque ele era o maior trapalhão de todos eles; ele errava nome, fazia tudo errado. Ele tinha uma bíblia toda sebosa, onde ele escrevia tudo, inclusive telefones e tudo que você desse para ele. Lá ele tinha uma cola dos dez mandamentos, porque ele não sabia. Aquele jeito atabalhoado dele diferenciava-o de cara do pastor que geralmente aparece na televisão. E isso era bom. A segunda, e é preconceito meu em estado puro, é leviandade profissional, mas eu não resisti ao nome "Casa de Oração Jesus é o general". Se tivesse que botar um motivo, ia ser esse nome extraordinário. O engraçado é que a "Casa de Oração Jesus é o general" era um sopro divino no ouvido dele. Esse nome tinha sido soprado durante um sonho, como todas as grandes decisões dessa igreja. Uma noite ele acordou com esse nome na cabeça e correu a registrar. O que é uma história belíssima, mas fica no meu gosto mais bela ainda, quando a gente sabe que a casa de oração, de onde ele se desligou para fundar aquela, chamava-se: "Casa de Oração Jesus é o comandante". Ele precisou mobilizar o Espírito Santo para mudar uma palavra. Eu fiquei imediatamente encantado com o pastor, porque achava que ele fosse uma pessoa confiável, e tão ingênuo, que em nenhum momento me parecia um tapeador.

Uma coisa que aparece pelas bordas do documentário, mas não sei se fica claro, é que em todas aquelas pessoas eu sentia uma sinceridade. Mas era uma sinceridade que com o tempo se caramelava de histrionismo. As pessoas que produziam milagres, as pessoas que falavam línguas. E o pastor jamais deu uma dessa. Agora, curiosamente, ele não falava línguas, não porque ele acreditasse que aquilo pudesse ser uma invenção, mas porque ele acreditava que ele não tinha o dom. Ele acreditava piamente em todo mundo ao seu redor. Ele recebia durante o culto o Espírito Santo e fazia coisas extraordinárias. Mas como ele não sentia isso, ele não era tentado a imitar, ele ficava perplexo, esperando a vez dele. Os cultos não eram todas as noites.

Tem uma coisa muito engraçada: ele dava início ao processo que ele nunca controlava. O que também tornava muito melhor o ambiente para a gente observar aquilo acontecendo nas pessoas e não em um sujeito que está dirigindo aquela comunidade. E a minha terceira razão por essa escolha prende-se àquele argumento que eu dei. Veja bem, aquilo era uma aposta perigosa, porque você tinha que escolher uma igreja que estava nascendo, e havia uma enorme dúvida sobre o futuro, e você tinha que passar meses em convívio com ela, esperando que alguma coisa acontecesse ali dentro. Se não estivesse acontecendo nada, ao fim de meses de trabalho, você não teria nada para dizer. E uma coisa que desequilibrou a favor dele: a revelação de um outro tipo de relação com o meio.

As crianças entravam por dentro, entrava gente para pedir coisa emprestada que não era do grupo. Então eu achei que, se alguém tinha uma chance de estabelecer uma relação mais fecunda com essa favela, era esse pastor. Tudo, como eu disse, porque nós não queríamos falar nada. Nós queríamos que os nossos personagens fossem dizendo o que a gente queria ouvir, mas sem o mínimo de indução, que nós deveríamos nos policiar para não ter. Esse aprendizado preliminar, estou falando ainda da pré-história do filme, teve um efeito sobre mim devastador, porque, como eu disse, eu ia para lugares que eram parecidos com o que tínhamos ido na véspera, com outros pastores, mas eu reparei uma coisa que foi acontecendo comigo sem eu me dar conta. A partir de um certo ponto, eu entrava em qualquer lugar daquele, e não precisava perguntar quem era evangélico. Eu procurava a pessoa e perguntava quem era o pastor, mas eu sabia que estava falando com um evangélico, porque, no mesmo grau de pobreza, havia algo mais de atitude, às vezes não estava nem na roupa, porque eles se arrumam à noite para o culto, mas durante o dia se vestem como os outros.

Eu falei com muita gente que não tinha nada, mas, à medida que fui lidando com o evangélico, eu deixei de conviver com o miserável. O miserável era o vizinho, que às vezes vivia como ele. Mas havia um negócio no olho, havia uma coisa na maneira de se comportar, na maneira como as crianças estavam vestidas, de como as crianças brincavam. Havia um negócio que me surpreendia, todas as casas eram aquela mixórdia de tijolo e ferro saindo, que está virando padrão da arquitetura brasileira. A cara do Brasil é essa casa. Agora, por dentro, a casa evangélica era arrumadinha. Eu entrava e percebia que tinha vários níveis de pobreza, mas era uma pobreza diferenciada. Tinha cheiro de dignidade, que me comoveu muito. Isto eu tinha ligado a câmera para rodar o primeiro filme e eu tinha tomado esse susto...

Era curioso porque aquela era uma gente que estava de certa maneira esperando extraordinários milagres e desatenta a pequenos milagres que estavam acontecendo na vida delas. Todos os dias acontecia um milagre: o marido que arrumava emprego e tal. Era uma coisa de arrumação muito singela do cotidiano, que ia mudando aquela gente. Eles progrediram ao longo de oito ou nove meses do tempo que nós passamos por lá. Progrediram sem ter mudado nada de seus níveis de renda. Pelo contrário, eles só melhoraram de renda, graças a Deus nós já tínhamos acabado o filme, porque nós não estávamos querendo ver aquilo quase em condições de laboratório.

Nós fizemos esse documentário, foi rodado em outubro de 1999, e no Natal nós tínhamos uma primeira versão, ainda muito primitiva. Mas às vésperas do Natal nós voltamos lá para passar para eles a primeira montagem e vermos se eles tinham críticas, se eles aceitavam. Nesta época tinha "baixado" por lá uma posteridade estranha, que eu descobri que era o cheque-cidadão do governador Garotinho. Ou seja, se o Garotinho tivesse chegado um pouquinho antes, além de estragar outras coisas, ele teria estragado o nosso documentário. Mas até lá, não teve nada, eles se viravam de maneiras diferentes.

A Regina Novaes pediu que eu falasse sobre o que o jornalista aprendeu com o documentário, o improviso foi que eu consegui retirar de mais utilizável da experiência. Existe sim, de uma maneira que eu não presumia, modos mais respeitosos de tratar a fonte. O cinema me ensinou que eu não sou o intérprete das pessoas que falam comigo. Eu não sou o intérprete. As pessoas em qualquer nível de instrução sabem dizer coisas sobre a própria vida, que eu não preciso traduzir se passar tempo suficiente ouvindo. E isso foi ótimo para mim, porque dali para a frente mudei minha maneira de trabalhar. Recomendo esse tratamento para todo mundo que trabalha a imprensa.

Também tem um negócio engraçado ali. Vocês sabem que no meio dessa livralhada que andei lendo antes de fazer o filme, ou antes, não tenho certeza, havia na minha cabeça um dado, que eu não sei de onde tirei: que nos Estado Unidos, nas treze colônias americanas na virada do século XVII para o XVIII, uma colônia vivendo isolada numa América ainda selvagem, uma vida de agricultores na fronteira da civilização, mas, ainda assim, ali o índice de alfabetização era muito mais alto do que na Europa. Talvez este índice de alfabetização precoce dos Estados Unidos se explique pelo fato de aquilo ser uma colonização criada por imigrantes religiosos que foram atravessar o Atlântico com a bíblia debaixo do braço. Aquela obrigação religiosa de ler a bíblia, obrigava-os a aprender a ler.

Um outro extraordinário fenômeno que nós vimos em Santa Cruz é que aquele grupo de pessoas melhorou naqueles nove meses em um lugar que estava piorando. O lugar se chamava liricamente Horto Florestal, mas não tinha um capim ou uma folha. Era um coisa devastada, um lamaceiro, que não parava de ser invadido. Uma parte enorme daquelas casas jamais tinha sido habitada. Era curioso, porque havia certas casas que eram construídas com o mínimo necessário para marcar lugar. Elas tinham parede de tijolo e laje, mas não tinham chão, porta ou janela. Então as casas eram, com o tempo, mais verdes por dentro do que por fora. Começava a nascer um capinzal lá dentro, depois mamona, que saía pela janela, as casas eram marco de um tipo de especulação imobiliária que tinha a ver com pobreza, mas que não tinha nada a ver com problemas demográficos de habitação. Elas estão reservadas para um futuro uso. Quanto mais a favela crescia, menos gente tinha dentro das casas.

Isso é extraordinário e durou todo o tempo que estivemos lá. Os pioneiros dessa coisa, que é uma forma marginal de especulação mobiliária, eram aquele pessoal que estava lá. Estranhamente, nenhum deles jamais fez isso. Eu não estou brincando quando falo que era mais verde por dentro do que por fora. Isso era tão marcante que os cavalos pastavam com a cara dentro da janela; eles encontravam mais vegetal dentro das casas do que fora. Evidentemente aquilo tudo transcorria na cara deles. Eles estavam vendo aquilo tanto quanto nós, e me surpreendeu que não faziam um gesto para aderir à onda. Eles eram realmente outra conversa, estavam lá arrumando o seu domicílio. Eles deixavam o domicílio apodrecer para fazer outros.

Assim como aquelas pessoas eram pobres, e eu fui aprendendo por algo intangível que não eram miseráveis, eu fui vendo também uma coisa extraordinária: eles eram analfabetos, mas tinham a mais espantosa ambição intelectual que um analfabeto pode ter, que é ler a bíblia. Eles queriam aprender a ler para ler um livro complexo e enorme, cheio de alusões difíceis para qualquer leitor. A idéia de que uma pessoa que está no B-A-BA possa naquele momento, aprendendo penosamente que M e A faz MA, e tenha por objetivo principal ler a bíblia. Olha, eu nunca vi nada tão ambicioso e revolucionário na minha vida. Eu me senti de repente de cara com os tais colonos americanos, que é uma tremenda experiência.

Essa é de certa maneira a mais difícil de traduzir nos documentários. Essa acontece, mas ao menos que você pare e fale: olha aí gente, paramos na metade, vocês estão vendo isso? Isso ficou lá, mas não sei se as pessoas percebem. Todos estavam com o livro na mão e a maioria não era capaz de ler aquele livro. Estavam tentando aprender, não para ler o jornal de fim de semana, mas para ler o livro – a bíblia. Esse mais simpático, Veronilson, que é servente de obras, analfabeto de 30 anos, diz lá pelas tantas algo que para mim é mais marcante do que para vocês, porque por ter ouvido muitas vezes, diz que conhece os salmos de cor, mas quer aprender a ler para lê-los porque assim ele presume que terá um entendimento diferente. Isso é extraordinário! Além de ter conhecido pessoas modestas que usam de repente no meio da fala a palavra e coisas do gênero, eu conheci gente que sem saber ler se considera capaz de fazer todo o processo que fazia ali naquelas condições precaríssimas, fazer todo o processo extraordinário de aprender a ler e pegar aquilo e entender. Se eu tivesse começado o documentário sabendo disso, acho que eu não conseguiria me livrar mais desse filme. Eu ia fazer um filme sobre a leitura da bíblia. Acho que o resto é conversa, isso é o que eu queria apresentar aqui.

A MÍDIA E O DEBATE SOBRE VIOLÊNCIA NO ESPAÇO PÚBLICO

Elizabeth Rondelli
(Antropóloga, professora da Escola de Serviço Social da UFRJ)

Quero agradecer o convite da ABA, de Regina Novaes, que me permitiu estar com vocês e espero que possa atender bem aos propósitos deste Curso. Pediram-me para falar sobre a mídia, mas, em função da amplitude desse tema e de seus diversos aspectos, estreitarei o enfoque. Tenho pesquisado durante algum tempo sobre a televisão mais especificamente – tenho alguns trabalhos publicados sobre este tema –, analisando-a do ponto de vista da ciência social, da antropologia e da ciência da comunicação, mais particularmente. Em 1998 criamos um grupo de pesquisa na UFRJ com o objetivo de estudar as relações entre mídia e violência. Trabalhamos por uns dois anos neste projeto que me permitiu acompanhar o comportamento da mídia em relação à violência. Deste projeto resultou a edição de um livro pela Rocco: *Linguagens e Violência*, que foi lançado em meados do ano 2000.

Este livro é uma coletânea, e nele eu participei com um artigo que é uma espécie de síntese do que observei, na verdade um pequeno ensaio chamado "Imagens da violência e práticas discursivas". Falarei um pouco deste meu artigo porque acredito que nele estão razoavelmente estruturadas as minhas observações. Analisei vários casos da relação entre mídia e violência durante um certo período, e tentei extrair algumas conclusões do que caracterizei como o comportamento discursivo da mídia com relação à violência.

De imediato, percebo algo curioso, logo ao começar a pesquisa observei que havia pouca reflexão, de um modo geral, sobre as relações que se estabelecem entre mídia e violência e, mais especificamente, entre a televisão e a violência. Isto me chamou a atenção porque apesar de termos no Brasil muita mídia e muita televisão – temos um público telespectador de tamanho considerável – e apesar de termos muitos episódios de violência tratados pela mídia – não existem aqui pesquisas sobre a relação entre estes dois elementos. No Brasil, também não temos a tradição de avaliar os efeitos – os pesquisadores norte-americanos é que gostam muito disto – que a televisão e a mídia em geral exercem sobre o comportamento violento. Temos apenas algumas opiniões e hipóteses além de muito senso comum. O que se faz em relação à cobertura da violência realizada pela televisão no Brasil é assumir um comportamento "moralista" no sentido de se coibir a televisão para que não mostre o comportamento violento. Geralmente é um discurso que interpreta pouco, é um discurso apenas coibitivo e não explicativo.

Na pesquisa sobre a mídia observo – basicamente a partir do período de 1997-98 – que a violência começa a se tornar um importante ponto de pauta da televisão. A violência sai do espaço dos editoriais policiais e começa a ganhar uma grande importância na cobertura televisiva em geral. No entanto, esses crimes que mais ganhavam espaço na mídia eram exatamente os crimes em que a polícia estava envolvida, isto era uma recorrência. O ano de 1998 foi significativo, pois tivemos o episódio de Eldorado dos Carajás e uma série de outros crimes, como o assassinato do rapaz em frente ao shopping Rio Sul, entre outras chacinas praticadas pela polícia. O que me chamou mais a atenção, naquele momento, foi que embora houvesse uma criminalidade exacerbada, um nível significativo de homicídios, o que vinha à tona efetivamente, causava espanto e levantava um debate nacional – tanto sobre a mídia quanto sobre a violência, mas também sobre as políticas do Estado com relação à violência – eram exatamente os crimes nos quais a polícia estava envolvida, ou seja, a polícia enquanto praticante do crime. Uma questão que igualmente me pareceu relevante naquele momento era a discussão se seria bom ou não que a mídia iluminasse os episódios da violência – em especial a violência policial – de uma maneira muito ostensiva. A mídia deve falar ou deve calar? Deve mostrar ou deve esconder? Eu percebi que no fundo – independente de um comportamento moralizante – a mídia desempenhava em certos momentos um papel positivo.

Parti da idéia que me foi sugerida por um antropólogo inglês, baseada em um estudo realizado na África, de que numa cena de violência existem sempre três atores que são essenciais: a vítima, o sujeito que pratica a violência, e alguém que a presencia e relata, a testemunha. Eu transpus esta idéia de uma testemunha existente em todo ato para uma figura que criei: a de macrotestemunha que estaria associada ao papel da mídia. A macrotestemunha presencia o ato e o reporta a um público imenso, e aí reside a sua positividade. Um bom exemplo para reforçar esta idéia da mídia como macrotestemunha é o caso de Eldorado dos Carajás. O assassinato daquelas pessoas somente ganhou a cena pública e foi levado à Justiça, ou seja, somente se tornou um fato político e público porque havia um cinegrafista naquele momento filmando aquela cena, caso contrário, aquele episódio seria um a mais entre tantos assassinatos de "sem-terras" no Brasil. Neste sentido, a câmera de televisão tem um papel muito importante de reportar, de trazer à cena muito daquilo que às vezes a própria sociedade quer esconder. Sem querer julgar a mídia, eu a penso muito mais como uma espécie de olho, um olho às vezes invisível, pois está presente e nem sempre é percebido.

A partir disto, percebi que a violência, mais do que um ato em si – violência aqui entendida como atos de homicídio, este foi o recorte analítico que eu realizei – deveria ser pensada como os significados que a mídia ajuda a engendrar através dela no debate público. O que se deveria perguntar, portanto, é que mobilizações se produziam a partir daquele simples flagrar das cenas. A partir disto, comecei a perceber que os atos de violência acabam sempre engendrando este tipo de debates quando mostrados pela mídia, é como se a imagem precisasse ser flagrada para existir – e aqui a referência é à imagem mesmo e não a sua simples narração. Com os procedimentos de repetição que a televisão adota, esta imagem torna-se uma imagem muito densa, gravada na memória das pessoas. Não é somente porque a televisão exibe as imagens da violência que ela produz algum impacto, mas porque, ao exibi-las, certos atores sociais são convocados, a partir de uma posição social determinada que ocupam, a produzir um discurso sobre o ocorrido. E é nesse sentido que a televisão desempenha um papel afirmativo. Ou seja, esta mídia engendra discursos e fertiliza algum debate num cenário público. O importante é perceber quais são os atores normalmente convocados a cada ato de violência. Estes atores se configuram na ordem social, são mais ou menos reconhecíveis, mas identifiquei cinco tipos que são absolutamente essenciais neste processo de captar a cena e de dar significado a ela, além de espraiar aquele significado para uma dimensão pública que é também política.

O primeiro destes atores é a própria mídia porque sua rotina produtiva comporta modos de trabalhar específicos de trabalhar o fato. Desde que o jornalista entra para a escola aprende que um fato tem que ser abordado de uma determinada maneira, tem de ser construído, reportado, escrito, editado, filmado, de um modo específico. Assim, diante de um episódio de violência, a mídia possui maneiras próprias de reproduzir o seu relato, e é óbvio que estas maneiras próprias vão induzir o público – leitor ou telespectador – a uma determinada forma de interpretá-lo. A mídia neste caso desempenha, além de seu papel de macrotestemunha, o papel de produtora e criadora do fato, o que a torna um agente ainda mais privilegiado neste debate. Pode-se afirmar ainda que a mídia adora a violência, possui uma certa sedução *voyeurística*, porque muitos gostam um pouco de ver violência – veja-se o sucesso dos filmes violentos exibidos no cinema. A mídia nos propicia um pouco do ato *voyeur* de olharmos coisas que não poderiam ser vistas e ir a lugares aonde não deveríamos ter ido. Neste sentido, tem o poder de nos fazer viver vicariamente certos impulsos.

O segundo grande ator social que está presente, produzindo um discurso próprio sobre a violência, é o administrador de políticas públicas. Há uma vertente das políticas de bem-estar social, de assistência social de um modo geral, que em relação à violência vai tentar estabelecer alguns comportamentos no sentido de amenizar aquelas ocorrências, tais como identificá-las, explicar o porquê da violência, etc. Esta é a matriz discursiva mais assistencialista em relação à violência. Por outro lado, nesta mesma categoria, emerge o administrador de políticas públicas ligadas à área de segurança que produz um discurso diferente. Cada vez que ocorre um crime que é exibido e trabalhado pela mídia, esta matriz discursiva representada pelos atores da área de segurança pública é chamada a se posicionar. São as falas das secretarias de Segurança, da polícia, do Ministério da Justiça, todos a produzir um discurso sobre a violência com enfoque muito próprio. Chamo a atenção para o fato de que tanto as políticas de segurança quanto as políticas assistenciais existem em estado permanente, porém poucos se lembram de que existem, poucos se lembram de quem é o ministro da Justiça. Mas estas figuras rapidamente emergem e ganham um grande espaço na cena pública por causa da imagem que é gerada de um ato violento.

Existe um terceiro ator social igualmente fundamental neste processo de construção de um discurso sobre a violência. É ele o que engendra o discurso político-empresarial. Sob esta ótica, a violência é um mal no sentido de que não deva ser cometida, pois é geradora de uma situação de insegurança e desconforto para as pessoas em geral. Este discurso é construído de um ponto de vista que entende a cidade como um lugar de consumo, ou seja, um lugar onde as pessoas possam passear, andar, comprar e fazer turismo. Por isso, no Rio de Janeiro esse modo de construir significados sobre a violência é muito característico. Assim sendo, deste ponto de vista, uma cidade violenta é uma cidade que afasta qualquer possibilidade de se realizarem negócios, principalmente nas áreas do lazer e do turismo. Este discurso político-empresarial esforça-se até por influenciar no gerenciamento de políticas públicas que inibam o fenômeno da violência, pois este fenômeno é visto como extremamente negativo, no sentido da construção de uma imagem da cidade como espaço de civilidade. Um elemento interessante presente neste discurso é que, além de buscar inibir a violência e a criminalidade, busca igualmente conter a exacerbação das imagens da violência, pois a própria imagem tem o poder de afastar negócios, o que do ponto de vista empresarial é extremamente negativo. O episódio da gravação do vídeo clip do Michael Jackson, no qual houve toda aquela confusão devido ao fato de não se querer apresentar o Rio de Janeiro como uma cidade violenta, foi bastante representativo desta abordagem. Seria ruim que a cidade – enquanto imagem a ser vendida internacionalmente – fosse tratada como um lugar inabitável.

Existe uma quarta matriz discursiva, que, apesar de não se corporificar em um ator social tão específico como o empresariado, por exemplo, ainda assim possui contornos muito bem definidos. Esta matriz discursiva é aquela que toma a violência como um episódio, quase um epifenômeno, que demonstra as injustiças sociais. No fundo, aqui se produz um discurso que condena as políticas de Estado em relação às injustiças sociais de um modo geral, e é claro que a violência aparece para estes atores como uma demonstração de que algo está sendo mal gerenciado. Na verdade, deste ponto de vista, o que está em questão é a existência de um sistema político e econômico que produz enormes desigualdades e essas se anunciam muitas vezes em episódios de criminalidade excessiva.

Enfim, é todo um discurso elaborado no sentido de demonstrar que a violência é causada, sobretudo, pela injustiça social ou por uma ordem política e social muito desigual que gera estes fenômenos. Com base nesta idéia de que a violência é gerada pela injustiça social é que são produzidos os discursos e geradas as demandas no sentido de fomentar iniciativas de organizações, tanto governamentais quanto não-governamentais. Tais organizações e seus respectivos discursos entendem que para se combater a violência é necessário dar um passo anterior no sentido de regular esta ordem produtora de injustiças. Este discurso não se propõe a coibir a violência com políticas públicas simplesmente no campo da segurança – entenda-se solução policial. Irá, antes disso, ajudar na criação de organizações, as mais variadas possíveis, que atuarão com o objetivo de assegurar uma situação de justiça social numa perspectiva mais ampla, e com isto produzir uma queda nas taxas de criminalidade e de violência a partir de uma atuação mais geral.

A quinta e última matriz discursiva que percebo neste debate é uma matriz um pouco desencantada com o mundo e que traduz uma constatação crítica e pessimista da falência do Estado, do fim das utopias, do ocaso das ideologias e de um notório sentimento de deterioração de uma ordem normativo-legal num tempo em que a história parece haver se esgotado. Neste discurso explicita-se a visão da fraqueza da experiência coletiva deste fim de século no sentido de responder às suas forças retrógradas, ou seja, é uma matriz oposta à matriz anterior, na qual a violência é vista como uma fatalidade e que diante dela há pouco a ser feito, pois a violência é apenas mais um sinal do fim dos tempos, do fim da história e diante disso não há muito o que se fazer. São as cinco matrizes discursivas aqui apresentadas que vão engendrar ações, aliciar e construir sujeitos sociais e legitimar e implementar políticas, ou seja, a violência aqui – não a violência em si, mas a violência enquanto temática inserida no debate público através da exibição pela mídia – possui uma significativa força política.

A violência – como anteriormente definida – comove a uns e gera atores sociais, implementa ações e revela a existência de setores sociais que são ignorados pelas políticas públicas – as mais diversas possíveis – e traz estes setores sociais à cena pública, o que acaba sendo um problema para estas políticas. Neste sentido, há uma certa positividade no estabelecimento deste debate, pois, muitas vezes, certas políticas públicas são engendradas, promovidas exatamente a partir de alguns desses episódios que vêm à tona.

Uma conclusão a que chego, apesar de reconhecê-la como arriscada, é a de que se não possuíssemos a mídia e, conseqüentemente, se ela não exibisse freqüentemente episódios de violência, talvez muitas das nossas questões sociais não aflorassem com a densidade com que afloram no debate público, gerando muitas vezes políticas públicas, coletivas ou que instauram um relevante nível de solidariedade. Através desta explanação eu tentei buscar um pouco deste fenômeno que eu chamo de positividade da produção de significados que a mídia ajuda a engendrar sobre a violência.

DIREITOS HUMANOS, TEMAS E PERSPECTIVAS: UM POSFÁCIO

Regina Novaes
Paulo Jorge Ribeiro*

Entre novembro/dezembro do ano 2000, realizou-se o curso *Direitos Humanos, Temas e Perspectivas*, atividade prevista em um Convênio de cooperação entre a ABA e a Fundação Ford. Duas outras instituições se agregaram a esta empreitada e foram imprescindíveis para a sua realização. O ISER, organização não-governamental que há trinta anos alia pesquisa e intervenção social, entrou nesta parceria cedendo seu espaço e infra-estrutura. O Balcão de Direitos – um projeto da ONG Viva Rio voltado para assistência jurídica e mediação para resolução de conflitos em "*comunidades política e socialmente vulneráveis*"– tornou-se também um parceiro fundamental. O Projeto Balcão de Direitos não só participou da coordenação e da divulgação do Curso entre advogados, estudantes de Direito e lideranças comunitárias de várias favelas do Rio de Janeiro como, principalmente, facilitou o acesso de todos os participantes do Curso aos locais onde foi realizado o "trabalho de campo", a saber as favelas denominadas Chapéu Mangueira, localizada no Leme, e o conjunto Cantagalo, Pavão, Pavãozinho, localizadas entre a Lagoa, Copacabana e Ipanema, valorizados bairros da zona sul carioca.

A "ida ao campo" foi preparada durante a realização de uma primeira Oficina de Trabalho[1] que teve os seguintes objetivos: ministrar conhecimentos básicos sobre a pesquisa do ponto de vista da abordagem antropológica;

---

* *Coordenador do Balcão de Direitos, professor do Depto. de Sociologia e Política da PUC-Rio e Doutorando do PPCIS/UERJ.*

[1] As duas Oficinas foram conduzidas por Pedro Strozenberg, Paulo Jorge Ribeiro, do Balcão de Direitos, e Ludmila Catela e Regina Novaes do Projeto ABA/Ford. Aproveitamoa a oprotunidade para agradecer também à Professora Sandra de Sá Carneiro que, enquanto tesoureira da ABA, muito contribuiu para a realização do Projeto ABA/Ford e do Curso *Direitos Humanos: temas e perspectivas.*

introduzir os participantes na realidade dos locais a serem pesquisados; construir um objeto de pesquisa que lhes permitisse "ouvir" as concepções de "direitos" e "direitos humanos" dos moradores e, ao mesmo tempo, perceber suas avaliações e expectativas em relação ao Projeto Balcão de Direitos. O que aconteceu tanto no caso no Chapéu Mangueira, onde existe há vários anos, quanto no Cantagalo, Pavão e Pavãozinho, onde o Projeto começava a se implantar[2]. Formaram-se duas equipes, cada uma coordenada por um estagiário do Balcão de Direitos que conhecia as referidas áreas.

Posteriormente, ao final das aulas, foi realizada uma segunda Oficina na qual os participantes foram convidados a apresentar os resultados de suas pesquisas e a imaginar como o Curso e esta experiência de campo poderiam contribuir para a continuidade de suas pesquisas e/ou trabalhos desenvolvidos em suas áreas e seus engajamentos profissionais específicos. Durante esta última Oficina pudemos perceber que o conjunto das aulas fez sentido e se transformou, de fato, em subsídios para a reflexão dos participantes.

Convém lembrar que desde o início havia a idéia de o Curso reunir profissionais, estudantes de jornalismo, ciências sociais e direito para refletir sobre as virtualidades, o alcance e os limites da categoria "direitos humanos" para os trabalhos desenvolvidos em seus diferentes espaços profissionais. Pensar "direitos humanos" como uma possível chave de leitura para tratar e combater desigualdades sociais de diferentes tipos. A idéia não era chegar a nenhum veredicto final que demonstrasse a pouca eficácia da Declaração dos Direitos vista como símbolo da expansão européia e ocidental sobre o resto do mundo[3], ou, ao contrário, que a elegesse como o instrumento indispensável para minimizar as mazelas do mundo atual. Ao contrário, bem ao estilo da tradição antropológica, ao relativizar as certezas contidas em posições polares, pretendíamos explicitar paradoxos, trazer os dilemas, considerar vários pontos de vista.

Em cada sessão o professor convidado deveria falar sobre sua experiência profissional de pesquisa, reflexão e ação a partir de seus próprios recortes, referências teóricas e lugar social. Para cada sessão também convidamos comentadores que deveriam dar um pontapé inicial no debate, também não economizando impasses e explicitação de dúvidas. As aulas, reproduzidas

---

[2] A foto da capa deste livro é de Kita Pedroza, uma das participantes do trabalho de campo.

[3] Ou, como prefere Laura Nader, direitos humanos podem ser vistos "*como aquilo que os americanos levam aos outros*". Ver o artigo "Num espelho de mulher: cegueira normativa e questões de Direitos Humanos não resolvidas", de Laura Nader, publicado na revista *Horizontes Antropológicos*, número 10, 1999.

quase na íntegra, já foram apresentadas aos leitores nos capítulos anteriores do presente volume[4]. A finalidade deste posfácio é resgatar o conjunto, destacando certos consensos, indicando pontos polêmicos e, ainda, agregando algumas das contribuições dos comentadores.

Como se sabe, a clássica controvérsia que envolve relativistas e universalistas é facilmente transportada para os debates sobre Direitos Humanos. Neste cenário reproduzem-se as acusações mútuas em que relativistas são vistos como cínicos e insensíveis e universalistas como etnocêntricos e totalitários. A contribuição de Débora Diniz, intitulada "Valores universais e Direitos Culturais", que abre a terceira parte deste livro, atualiza esta polêmica através do traumático tema da mutilação genital feminina. A partir de uma contextualização histórica, Diniz procura entender os Direitos Humanos como uma das expressões dos "direitos fundamentais", logo, contingenciais e necessários. Lembrando Richard Rorty, a autora afirma que a questão dos Direitos Humanos deve ser incluída em uma luta que se trava em torno de uma nova gramática que a sociedade deve inventar para assegurá-los efetivamente.

Em seguida, Sônia Corrêa, em seu texto "Direitos Humanos das Mulheres", refere-se à Conferência Internacional de População e Desenvolvimento (Cairo) e à IV Conferência Mundial sobre a Mulher (Pequim, 1995), e reconhece a relevância do debate internacional sobre os direitos humanos como referência para a construção de novos contratos sociais inclusivos e não discriminatórios. Porém, segundo a autora, este reconhecimento não pode ser traduzido simplesmente como "modernização", como pode parecer à primeira vista. Ao contrário, ao falar de direitos humanos das mulheres nas últimas décadas do século XX, as feministas, de fato, incidiam sobre a própria tradição moderna de direito. Ou seja, segundo a autora, situar a *violência de gênero* no *marco dos direitos humanos universais*, é produzir um signo poderoso de ruptura cultural no interior da sociedade ocidental moderna. Uma referência ética normativa global cria um novo vocabulário que, incorporado ao cotidiano, contribui para transformar representações e práticas.

Comentando estas exposições, o antropólogo Patrick Larvie, pesquisador do ISER, trouxe para a discussão a historicidade da definição de "abjeto", afirmando: *"Se o racismo era tolerado há 100 ou 150 anos, se a escravidão era permitida em países considerados civilizados, hoje não é. Por outro lado, há países que consideramos avançados em termos de direitos políticos*

---

[4] Aproveitamos o ensejo para agradecer às pesquisadoras Moema Guedes e Marilena Cunha, que muito contribuíram na edição destas aulas.

que só consideram o direito das mulheres nos últimos 20 anos, como alguns cantões da Suíça. Estamos trabalhando o tempo inteiro com as mudanças nas definições de "abjeto" ou de "intolerável". O racismo hoje passou para a categoria do abjeto, nós não toleramos publicamente. Mas em esferas privadas, em esferas em que não há a presença do público e do político, o racismo ainda é tolerado e praticado. E, ainda há outras formas de discriminação que nós toleramos, por exemplo: de cor, grau de instrução. discriminação por orientação sexual, nacionalidade, idade. Estas nós não consideramos intoleráveis. Até hoje não tem sido objeto de trabalhos políticos significativos o sentido de garantir direitos humanos baseados nessas discriminações que persistem no público e no privado".

Debora Diniz, Sonia Correa e Patrick Larvie também destacaram, cada qual a seu modo, o papel da Antropologia, das Ciências Sociais para entender como se constroem contemporaneamente as categorias e parâmetros sobre o que pode ser "tolerável" em uma cultura, nas sociedades, para a humanidade. Para as Ciências Sociais, o desafio é entender também os mecanismos políticos através dos quais pessoas, grupos minoritários, segmentos sociais são privados de seus direitos, se apropriam, interpretam direitos existentes e, nestes processos, até mesmo criam outros. As duas exposições seguintes, de Lygia Sigaud e de Hélio Silva, contribuíram particularmente para a reflexão sobre a contribuição específica da abordagem antropológica, da etnografia, para desvendar as múltiplas representações e práticas que estão presentes no campo da Justiça e da busca e construção de Direitos.

Direitos e Contextos

Lygia Sigaud, tomando como referência uma pesquisa realizada nas décadas de 1980 e 1990, na zona canavieira de Pernambuco, seguramente, uma das regiões rurais do país onde as pessoas iam com mais freqüência reclamar da violação dos seus direitos, mais precisamente dos direitos trabalhistas, questionou o senso comum que pressupõe que "as pessoas vão à justiça porque tiveram os seus direitos violados". Essa visão espontânea, segundo Lygia, também pressupõe que quando as pessoas não recorrem à justiça é porque elas ignoram os seus direitos ou porque não têm acesso à justiça. A solução, então, residiria em conscientizar as pessoas a respeito de seus direitos e/ou facilitar o acesso à justiça, aumentando o número de tribunais e delegacias, onde as pessoas poderiam apresentar suas queixas. Nesta aula, através de aprofundado estudo de um caso, apresentaram-se diferentes as razões que motivam (ou impedem) as pessoas a irem à justiça e a reclamar os seus direitos.

A complexidade do ato de "ir à justiça" – para além da questão do acesso à Justiça e da existência de uma consciência em relação aos direitos – também foi bastante enfatizada por Dulce Pandolfi que, ao comentar a exposição de Lygia Sigaud sobre a área rural, trouxe para o debate a situação urbana. Referindo-se aos resultados de uma pesquisa realizada em parceria entre o CPDOC e o ISER sobre questões dos direitos e da justiça na região metropolitana do Rio de Janeiro, Dulce enfatizou em primeiro lugar a falta de *credibilidade nas instituições da justiça*. As pessoas que recorreram à justiça comum, na maior parte das vezes, não acreditam nesta via para a resolução dos seus problemas. Quanto à polícia, o descrédito ainda é maior. No Rio, a descrença na polícia é total. A percepção dos entrevistados em relação aos governantes, ONGs, poder público, é muito variada, mas, em relação à polícia, são quase 90% dos entrevistados os que não acreditam nessa instituição, têm medo dela, e não gostam de recorrer. Segundo Dulce: "*Isso é um dado importantíssimo, já que o acesso à justiça, em tese, para eles, passaria também pela polícia*". Em segundo lugar, falou sobre um desconhecimento geral sobre direitos, afirmando que – contrariando os manuais de ciência política – o maior conhecimento que as pessoas têm sobre direitos é a respeito dos direitos sociais.

Este cotejo entre configurações sociais diversas, que se desenham em um mesmo país (sob um mesmo sistema jurídico e uma mesma legislação em vigor), deixou claro que falar apenas em "acesso à Justiça" é pouco. Enfim, para compreender as relações entre os grupos sociais e os aparatos da Justiça, é preciso evitar as explicações monocausais, que deixam de lado aspectos históricos, culturais e simbólicos importantes para compreender tais relações.

Na sessão seguinte, também, se falou da importância da pesquisa para desvendar a construção de direitos no decorrer de processos sociais e conjunturas específicas. Baseado em uma pesquisa etnográfica, o antropólogo Hélio Silva falou sobre a construção da categoria "meninos de rua" do Rio de Janeiro, no início da década de 90. Retomou aspectos presentes em seu livro *Vozes do Meio-Fio*[5], escrito por ele e Cláudia Milito. Segundo Silva, examinar a questão dos "meninos de rua" implica analisar como eles se tornaram "bodes expiatórios" das crises em relação à segurança pública do Rio de Janeiro durante a década passada. Não é por menos que o massacre da Candelária e a chacina de Vigário Geral podem ser compreendidos como uma espécie de "símbolo metonímico" destas próprias crises.

---

[5] Ver Silva, Hélio e Milito Claúdia, *Vozes do Meio Fio. Etnografia*, Ed. Relume Dumará,1995.

Comentando a exposição de Hélio Silva, a antropóloga Rosilene Alvim, professora do IFCS, falou sobre o outro lado da moeda. Lembrou que o Estatuto da Criança e do Adolescente (ECA) foi promulgado e assinado em 1990 e que, em todos os embates para a sua implantação, a categoria "menino de rua" tornou-se um símbolo. Símbolo que unia vários movimentos no Brasil inteiro. Naquela época, afirmou Rosilene, "*ainda que os grupos, os projetos não fossem ligados aos meninos de rua, todos se identificavam com esta categoria porque meninos de rua simbolizava a negação das instituições de abrigo e correção existentes. De fato, era uma grande articulação de pessoas, de personagens que trabalhava com meninos de rua e que defendia o Estatuto. Assim, a repercussão dessa categoria, "meninos de rua", para a sociedade era muito mais ampla. Isso também criou reações no aparato jurídico e policial, na imprensa também, uma reação muito grande aos meninos de rua e contra as ONG's". O Movimento Nacional de Meninos de Rua foi fundado nessa época, no âmbito dos embates pela implantação do Estatuto*". Rosilene lembrou ainda que, naquele momento, se discutiu muito a "pedagogia da rua". Indagava-se: qual é o lugar que se educa? Na rua? Na instituição? Em outros lugares públicos ou privados? Contudo, dez anos depois, ou seja, hoje, poucos trabalham com "meninos de rua" e se volta a falar em instituição. O que nos obriga a refletir sobre a dinâmica das relações sociais e conjunturais em que se constroem categorias portadoras de direitos específicos.

Sistemas de controle e práticas policiais

Um outro conjunto de aulas trouxe pesquisas, comparações e experiências sobre os aparatos de controle social construídos, ao menos teoricamente, para assegurar direitos historicamente reconhecidos.

A exposição de Roberto Kant de Lima se iniciou com uma detalhada comparação sobre a construção dos sistemas de legalidade nos Estados Unidos e o Brasil. Este pano de fundo comparativo permitiu a compreensão sobre as dinâmicas e interações dos sistemas de controle na cultura política brasileira. Buscando entender como se conjugam no Brasil as relações entre a sociedade e a polícia, Kant de Lima analisou a questão da administração dos conflitos na ordem societária brasileira. Neste contexto, para ele um aspecto merece especial atenção: trata-se de compreender mais como a ordem verticalizada, que caracteriza o caso brasileiro, se inter-relaciona com uma determinada lógica de produção da verdade no interior do espaço público.

Dialogando com Kant de Lima, o antropólogo Santiago Villaveces, da UERJ, apresentou resultados de suas pesquisas sobre a PM do Rio de Janeiro e também trouxe sua experiência de estudo do caso colombiano. Segundo ele, trata-se de questionar uma certa tradição analítica que não se detém na análise do desenvolvimento dos aparelhos repressivos a partir da constituição dos estados nacionais latino-americanos. Falando especificamente sobre o Brasil, propõe também que se analise o "lugar híbrido" onde são negociados os papéis da sociedade e da própria Polícia Militar. A partir do reconhecimento de uma "zona cinza" na qual nos encontramos, propõe criar novas alianças que busquem a retomada de um diálogo entre estes mundos que estão, tanto na prática quanto discursivamente, dissociados.

A terceira contribuição nesta mesma temática foi de Ignácio Cano que, ancorado em resultados de suas pesquisas a respeito da violência do Rio de Janeiro, indagou: como pensar a questão dos Direitos Humanos e sua universalização a partir de uma sociedade que naturaliza as posições sociais desiguais? Segundo Ignácio, há um paradigma de guerra bélica permanente, de combate ao inimigo sempre interno. Há uma percepção dicotômica da sociedade: eles, os bandidos, e nós, os cidadãos ordeiros. Essa visão, prossegue ele, atinge todos os aspectos da realidade e, obviamente, também a segurança pública. Neste cenário, os direitos humanos no Brasil são vistos como um luxo ou como algo que atrapalha o combate contra o crime. A polícia vê os direitos humanos como limite e não como objetivo do seu trabalho. Segundo Ignácio, "*no dia em que a polícia respeitar uma pessoa na favela, um criminoso ou suspeito na favela, os policiais terão muito mais chance de ter os seus direitos preservados*".

Ainda para refletir sobre Justiça e Polícia, desta vez de ponto de vista mais operacional, durante o Curso contamos com a presença de André Luz, membro da Comissão de Direitos Humanos da Assembléia Legislativa do Rio de Janeiro, e Joel Rufino dos Santos, então subsecretário de Justiça.

André Luz informou sobre os objetivos e atividades da Comissão que, segundo ele, tem poucos recursos e "*nenhum grande poder, a não ser poder de pressão. Obrigamos o poder público a se colocar.*" André Luz chamou a atenção para a indivisibilidade dos Direitos Humanos, afirmando que a Comissão "*leva uma luta orientada pelos DESCAS: direitos econômicos, sociais, culturais e ambientais*". Afirmou, entretanto, que a questão da violência policial, da violência dentro da favela, é a que dá mais trabalho à Comissão: "*semanalmente temos a denúncia de alguém ligando desesperado dizendo 'vão matar, vão matar, porque tem um policial com a arma na cabeça do garoto pra matar!' Às vezes matam mesmo! Acompanhamos vários casos*". Após relatar casos sobre violência policial, André Luz comentou: " *o maior desrespeitador dos direitos humanos no Brasil é o sistema judiciário, tanto pela omissão, quando deixa de punir a quem desrespeita, quanto por punir a quem foi desrespeitado sem possuir certeza daquele delito. Esta última situação acontece com quem mora na favela, com quem ganha 2, 3 salários mínimos, sendo essa a população afetada pelos erros do judiciário".*

A exposição de Joel Rufino também nos forneceu um olhar de um lugar específico. Trata-se de alguém – com uma trajetória ligada a movimento estudantil, movimento negro e partidos políticos – que hoje busca desenvolver um trabalho a partir do Estado. Diz ele: " *A minha disposição na gestão do atual secretário é de – obviamente em aliança com as Organizações Não-Governamentais que cuidam disso também (especialmente o grupo Tortura Nunca Mais) – encarar os inimigos/infratores da política de direitos humanos. Há poucos dias, um preso tentou fuga num dos presídios, coisa que é muito freqüente. Ao ser capturado foi "pro pau", que é a regra do atual sistema. Isso é infração dos direitos humanos. Lá fomos enfrentar a situação. Um guarda, um dos espancadores, me chamou ao lado do secretário e disse assim: "Ué, mas não se pode bater?" O nosso primeiro sentimento foi achar que ele estava se fazendo de inocente, um cínico. Mas ele repetia e a gente supôs que houvesse alguma sinceridade ali: "Ué, se não pode bater, se não pode bater, eu não bato, mas eu não tô sabendo que não pode bater. Ele tentou fugir e não pode bater?" Depois, em outra ocasião, essa mesma pessoa disse assim: "Mas, ó, você tem que me ensinar a lidar com ele, eu só sei assim, não sei de outra maneira, eu aprendi assim, 'no pau'". Então, essa categoria, no seu conjunto, não está perdida para a política dos direitos humanos".* Reconhecendo-se em uma "posição esquizofrênica" – enquanto "defensor dos Direitos Humanos" e também responsável pelo sistema penitenciário no Rio de Janeiro, Joel Rufino enfatizou a necessidade de incluir apoio psicológico na capacitação dos policiais.

A comunidade entre o tráfico e a polícia

Olhando o mesmo cenário de um outro ângulo, Paulo Lins e Marcos Alvito nos levaram a duas conhecidas áreas do Rio de Janeiro que têm sido caracterizadas – na imprensa e na literatura – como espaços onde prevalece o desrespeito aos direitos humanos: Cidade de Deus e Acari. De suas ricas exposições, vamos destacar apenas o ponto mais polêmico: como vem evoluindo o triângulo (pouco amoroso) que conecta comunidade, polícia e tráfico?

Paulo Lins, autor do romance *Cidade de Deus* (Ed. Cia. das Letras,1997), discorreu sobre a violência presente no cotidiano do bairro, relacionando-a com as alterações mais gerais no pensar e no agir sobre a cidade do Rio de Janeiro. Apoiado em sua experiência de morador da Cidade de Deus e de etnógrafo, participante de pesquisas realizadas pela antropóloga Alba Zaluar naquela comunidade[6], falou como escritor. Iniciando nos anos 60, reconstituiu as várias fases da história da violência no Rio de Janeiro e relativizou a situação atual de violência vivida nas comunidades. De certa forma, para ele, a situação da violência para os moradores da favela, e fundamentalmente nos presídios, é melhor do que nas décadas anteriores. Antes, a violência era absolutamente sem controle, o próprio tráfico não operava com distinções nítidas entre seus inimigos, fossem eles policiais ou moradores. Não havia "nenhuma ordem". Hoje, segundo Lins, o tráfico teria constituído "alguma ordem".

Já o historiador e antropólogo Marcos Alvito trouxe outra avaliação. Para ele, as relações de poder no interior da favela fazem cada vez pior a vida dos moradores. Segundo Alvito, a sociabilidade das favelas está marcada pela ordem que o tráfico impôs. O tráfico, hoje, representa a própria violência nas favelas cariocas. Ancorado nos resultados de sua longa pesquisa em Acari, Alvito destacou a presença crescente do "medo" entre os moradores, em seu sentido hobbesiano, o medo que garante a "legitimidade" do poder do tráfico. A população, em sua avaliação, tornou-se refém do tráfico.

Comentando as exposições de Paulo Lins e Marcos Alvito, a antropóloga Ana Quiroga, professora da UFRJ, chamou também a atenção para a "*naturalização da pobreza e da desigualdade social*". A pobreza, segundo Ana, virou "*paisagem que ninguém mais quase repara*". Em segundo lugar, afirmou que os relatos de Paulo Lins e Marcos Alvito apontam para a "*cristalização de determinados distanciamentos sociais*": os mais pobres já foram oficialmente criminalizados e assim diminuem as possibilidades de compreensão e de interação. E, por fim, indagou se ao falar só sobre *violência* os moradores das favelas não estariam, de certa forma, atendendo a uma expectativa dos pesqui-

[6] A categoria "comunidade" tem sido usada como contraposição à denominação "favela". Foi introduzida por agentes religiosos, foi apropriada por organismos governamentais e não governamentais dispostos – com justificativas de ordens diferentes – a diluir a carga de preconceitos contidos nos substantivos favela, favelado, favelização e nos adjetivos daí derivados. Hoje é usada correntemente pelos moradores, sejam eles "do movimento", isto é, do tráfico de drogas, sejam eles "trabalhadores" e/ou "agentes comunitários". É usada em relatos para se contrapor a ação violenta da polícia. Seu uso, no entanto, não substitui a categoria favela em todas as situações. Está presente, sobretudo, em contextos em que estão em jogo barganhas de identidades coletivas.

sadores. Através da via da cultura, lembrou ela, hoje vão se repondo diálogos, são feitas críticas sociais fortes, como é o caso do hip hop. Segundo Ana, é preciso olhar também para outros aspectos da mesma realidade[7].

Religião e Mídia: interferências (mais ou menos) decisivas

Rita Segato, como pudemos ler no presente volume, apresentou uma reflexão sobre seu trabalho realizado no presídio da Papuda, em Brasília. Ao analisar os discursos produzidos pelos detentos sobre si mesmos, fundamentalmente aqueles que diziam respeito às representações de seus próprios crimes, a autora se deparou com uma especificidade entre evangélicos. Constatando a presença de uma "redenção religiosa" produzida no interior da instituição carcerária, Rita se perguntou sobre a existência de um circunscrito "direito humano à redenção". A autora falou sobre a dramática condição de alguns detentos que não se convertem a determinadas religiões que se estruturam a partir da "superioridade moral"[8]. A partir daí discute como, nas prisões, vem se construindo o controle do "monopólio do bem". Neste contexto, os detentos que não se convertem entram em uma situação de "falência discursiva", em um cenário de entropia de seu direito à regeneração moral.

Em seu comentário, Otávio Velho, professor do Programa de Pós-Graduação de Antropologia Social, Museu Nacional, lembrando que Rita Segato percebera que os evangélicos convertidos não elaboraram profundamente o percurso do crime, se perguntou se esta recusa deveria (ou não) ser tomada como um indício de ausência de real conversão religiosa. E, continuou Otávio, até que ponto a própria pergunta sobre real eficácia religiosa deste esquema muito rígido de conversão nas prisões não revelaria um preconceito nosso? Para pensar esta questão, Otávio sugeriu uma analogia entre o modelo de conversão evangélica e o modelo dos Alcoólicos Anônimos que, apesar de bastante simples, apresenta eficácia no combate ao alcoolismo. Segundo ele, como cientistas sociais, não podemos aceitar as divisões que estão postas

---

[7] Convém registrar que lideranças comunitárias presentes também questionaram o desenho do triângulo polícia, bandidos e moradores utilizado para descrever a favela, a comunidade. Alguns fizeram intervenções no sentido de incluir um quarto elemento na discussão, a saber: as iniciativas comunitárias que estão atuando no sentido da consciência crítica e da busca de direitos de cidadania. Carlinhos, líder comunitário da Rocinha, referiu-se a uma "terceira via" nascendo nas comunidades.

[8] Entre as alternativas religiosas no Brasil, a autora distinguiu dois blocos: as "trágicas", como as religiões afro-brasileiras, e as de "superioridade moral", de viés cristão.

imediatamente como dadas, como por exemplo: quem está na cadeia e quem não está na cadeia. Existem pessoas que não estão na cadeia e que vivem situações muito próximas das de quem está. Ou seja, neste sentido, o questionamento sobre a eficácia deste tipo de conversão poderia ser estendido para a conversão evangélica de uma forma mais geral.

A discussão sobre os efeitos sociais da presença evangélica voltou em outra aula, quando assistimos a *Santa Cruz*. Este vídeo/documentário retrata o nascimento da Igreja *Jesus é Meu General,* se passa no subúrbio do Rio de Janeiro e foi dirigido pelo documentarista João Moreira Salles e pelo conhecido jornalista Marcos Sá Corrêa. Após a apresentação, Sá Corrêa relatou sua própria experiência "etnográfica". Segundo ele, fazer *Santa Cruz* produziu deslocamentos em suas percepções sobre como se constrói a "informação" no jornalismo[9], modificou sua visão sobre o universo evangélico e, finalmente, ampliou seu conhecimento sobre estes brasileiros fiéis leitores da Bíblia.

Comparar os evangélicos descritos por Rita Segato com os protagonistas evangélicos do documentário *Santa Cruz* é possível, mas exige cuidado. Ao nosso ver, um dos maiores acertos de *Santa Cruz* foi mostrar o que é possível acontecer, sem a pretensão de generalizar. A situação retratada no vídeo envolve, por um lado, migração nordestina, desemprego, moradia em terreno invadido e, por outro, a construção de dignidade por uma Igreja local. É uma situação possível, que pode até se repetir. Mas não é a única versão ou virtualidade de um mesmo fenômeno social. Ou seja, o fato de reconhecê-la empírica e teoricamente não leva à exclusão de outras situações, como, por exemplo, aquela descrita por Rita Segato. De fato, a presença dos evangélicos nas favelas e prisões foi um dos temas que mais produziram acaloradas discussões. Na realidade, no Brasil de hoje, a análise da conversão evangélica quando relacionada com direitos e/ou "estratégias de sobrevivência", dentro e fora das prisões, exige que se considerem situações específicas e múltiplas conjugações de fatores. Durante o Curso, buscando o reconhecimento da diversidade de situações sociais e de opções religiosas, fomos também convidados a evitar generalizar apressadamente os efeitos da onda evangélica nos espaços mais pobres e violentos da cidade do Rio de Janeiro.

---

[9] Marcos Sá Corrêa, no texto publicado neste livro, afirmou: "*O documentário me dava pela primeira vez na vida a chance de ouvir a própria voz das pessoas, de deixar que "os entrevistados" dessem o seu recado, fosse ele qual fosse (...). O cinema me ensinou que eu não sou o intérprete das pessoas que falam comigo. Eu não sou o intérprete. As pessoas em qualquer nível de instrução sabem dizer coisas sobre a própria vida, que eu não preciso traduzir se passar tempo suficiente ouvindo. E isso foi ótimo para mim, porque dali para a frente mudei minha maneira de trabalhar. Recomendo esse tratamento para todo mundo que trabalha a imprensa*".

Por outro lado, as questões trazidas por Marcos Sá Correa sobre as maneiras de produzir informações no campo jornalístico também foram retomadas na sessão seguinte, dedicada à mídia. Partindo de indagações sobre a construção dos fatos sociais, Elizabeth Rondelli discutiu o tema da produção discursiva da violência na mídia. Segundo ela, o fenômeno assume proporções inéditas no cenário da criminalidade urbana violenta no Rio de Janeiro na década de 90. A partir daí a violência começa a figurar não somente nos jornais ditos sensacionalistas, como também nas pautas dos grandes jornais. Uma cobertura midiática específica passa a abordar a questão da violência associada às polícias. Neste momento, a autora se perguntou sobre o papel ético da mídia. Contrariando a onda apocalíptica, que considera apenas o papel negativo da imprensa que noticia a violência, Rondelli procurou ressaltar a função positiva desempenhada. Vista como "testemunha" que revela vários tipos de violência, a mídia pode ser uma força ágil e também um útil instrumento para a construção de uma política de Direitos Humanos no Brasil.

Comentando a exposição de Elizabeth Rondelli, o antropólogo Rubem César Fernandes, coordenador da ONG Viva Rio, trouxe uma outra imagem também "boa para pensar" a mídia. Segundo ele, *pensando na tragédia grega, há um personagem muito importante que é o "coral" – o coro – em geral composto por mulheres. Elas cantam como uma repercussão de um conjunto de vozes, que se vê ora ameaçado ora entusiasmado e assim por diante. Este "coral" não é propriamente um "personagem" da tragédia. Existem os personagens propriamente ditos que estão diretamente no embate, no problema que afeta a todos. E existe o "coral" que é um conjunto que fica de alguma maneira repercutindo num coro passivo, como o lado não-ativo da trama. Parece-me, da mesma forma, que muitas vezes a mídia repercute também este espanto, este temor e esta esperança que estão difusamente repercutindo pela sociedade".*

Ao mesmo tempo, Elizabeth Rondelli e Rubem César vêem a mídia engendrando significados sobre os fatos que ela mesma revela. A relação entre a mídia e a polícia merece também atenção. É a polícia quem geralmente denuncia o fato, mas ela está sempre no palco "tomando pancada" da mídia. A polícia, em geral, se sente muito vulnerável e muito exposta pela mídia. Por outro lado, a violência policial também é a mais denunciada pela comunidade[10]. A mídia e a própria sociedade – ela mesma muito vitimada pela

---

[10] Sobre a relação da polícia com as comunidades ver, especialmente, os textos de Paulo Lins e Marcos Alvito publicados na terceira parte deste volume. Os autores discordam no "porque", mas concordam com a constatação de que na comunidade se denuncia mais a polícia.

violência – publicamente se indignam mais com a violência policial do que com a violência do tráfico. Assim sendo, esta figura da violência policial torna-se uma figura-chave para se entender este contexto.

Contudo, como mostram vários textos reunidos neste livro, a Justiça – lugar social em que o crime e a violência deveriam ser tratados de forma mais rigorosa (em termos de produção de evidências e investigação dos fatos) – fica praticamente ausente da violência que percorre diariamente os jornais. A maioria absoluta dos eventos de violência não chega à Justiça. Em contrapartida, tais eventos chegam na mídia que amplia seu papel. Como afirmou Rubem César Fernandes: *"a tremenda ausência de Justiça, de certa forma, faz expandir o papel da mídia como aquela que faz justiça, no sentido de trazer a público, levantar a discussão e provocar algum tipo de julgamento. Um julgamento de opinião, com todas as suas fragilidades, já que a mídia é muito pouco checada, muito pouco controlada pelo tipo de investigação mais cuidadosa que haveria no espaço da Justiça. Este é o "pé quebrado" nesta nossa reflexão sobre a violência".*

Para concluir

Não se fez aqui uma discussão canônica, técnica e abstrata sobre Direitos Humanos. A doutrina dos Direitos Humanos não é consensual. Assim como são muito variadas as práticas que levam seu nome. Além do que, apesar da disseminação de uma retórica oficial que se encarrega de fazer ranking dos países violadores, quando se fala em Direitos Humanos, também, os países que nunca freqüentaram este ranking têm suas casas ou seus telhados de vidro[11]. Por tudo isto, fizemos outro caminho. Reunimos no Curso – e na terceira parte deste livro – investigações, reflexões e experiências que desvendam variadas formas de discriminação e injustiças sociais e, a partir daí, indagamos sobre suas relações com os conceitos e estratégias anunciadas na gramática dos Direitos Humanos. Deste percurso, gostaríamos de chamar a atenção para dois pontos.

Em primeiro lugar, é interessante notar a existência de um certo paradoxo: após mais de cinqüenta anos da promulgação, diminuem as ilusões sobre a "neutralidade" dos órgãos oficiais responsáveis pela disseminação, preser-

[11] Cf texto de Laura Nader já citado. Sobre a política de Direitos Humanos no Brasil ver o número especial da revista *Contemporaneidade e Educação* (Ano V, número 8, segundo semestre de 2000) sobre Cidadania e Direitos Humanos, organizado por Isabel Ribeiro de Oliveira.

vação e implementação de Direitos Humanos, mas, ao mesmo tempo, aumentam os circuitos societários nos quais eles são evocados. Como vimos, alguns dos autores aqui reunidos discutem e utilizam – logo de saída – o rótulo, o selo, o ideário dos Direitos Humanos avaliando sua eficácia como locus de negociação e barganha política. Também é verdade que a maioria prefere passar ao largo de uma discussão mais substantiva sobre a categoria "Direitos Humanos" e seus aparatos institucionais. No entanto, entre todos há um denominador comum que se apresenta através de uma fórmula genérica muitas vezes repetida: "*é preciso construir uma política de Direitos Humanos no mundo e no Brasil*". Em resumo, hoje, em "tempos de globalização", posta a noção de indivisibilidade dos *direitos econômicos, sociais, culturais e ambientais,* em distintos embates sociais, cada vez mais se lança mão da retórica e das possibilidades contidas neste "recurso/produto histórico" que permite ultrapassar fronteiras nacionais e pode ser acionado para alargar alianças fora e dentro dos países em que se vive.

Em segundo lugar, trata-se de relacionar a questão dos Direitos Humanos, universais e internacionais com as três palavras-chaves da antropologia: etnocentrismo, diversidade e alteridade. Como afirma Clifford Geertz[12], certa homogeneidade provocada pela globalização tornou menos espetaculares as etnografias sobre "o outro" mas, ao mesmo tempo, tornou muito mais exigente, profundo e desafiante o entendimento das diversidades no interior de uma mesma sociedade. "Outros", próximos geograficamente e tão distantes socialmente, estão hoje nas grandes cidades. Não por acaso, a ABA – já com grande tradição em atuar em favor dos povos indígenas, com experiência de atuação em conflitos agrários e entre os negros remanescentes de quilombos – criou uma Comissão específica e o Projeto ABA/Ford com a temática Direitos Humanos. Esta foi a via encontrada pela ABA para incentivar a reflexão sobre violências, etnocentrismos, preconceitos e discriminações que fazem e se refazem nas grandes cidades.

Enfim, na terceira parte deste livro, passamos pela África, Estados Unidos, Nordeste, Brasília, mas o Rio de Janeiro se sobressai como laboratório que expressa uma perversa conjugação entre desigualdades e preconceitos sociais, a ineficácia da Justiça e a dominância da violência nas práticas policiais. Com mais perguntas do que respostas, estão postos aqui vários dilemas e impasses que devem ser enfrentados para que se possa falar na construção de "uma política de Direitos Humanos". Nesta direção, esperamos ter dado um pequeno passo.

[12] Cf Geertz. C, "Os usos da Diversidade" in *Horizontes Antropológicos*, número 10, 1999.

Este livro, da Mauad Editora,
em co-edição com a ABA,
foi impresso em papel ofsete 75g,
na gráfica Markgraph